AF542636

HOMELIE XXXII.

POUR

LE QUATRIE'ME

DIMANCHE

DE CARESME,

SUR LA *SAMARITAINE*.

Par M. le Curé de S. Sulpice de Paris.

A PARIS,

Chez RAYMOND MAZIERES, Libraire, ruë Saint Jacques, prés la ruë de la Parcheminerie, à la Providence.

M. DCCIX.

AVEC APPROBATION ET PRIVILEGE DU ROY.

TEXTE DU SAINT EVANGILE SELON SAINT JEAN.

EN ce temps-là : Jeſus vint en une Ville de Samarie, qui s'appelloit Sichar, auprés de l'heritage que Jacob donna à ſon fils Joſeph. Or il y avoit là un Puits qu'on nommoit la Fontaine de Jacob. Jeſus donc étant fatigué du chemin, s'aſſit ſur le bord du

Puits : c'étoit environ la sixiéme heure du jour. Il vint une femme de Samarie puiser de l'eau. Jesus luy dit : donnez-moy à boire : (car ses Disciples étoient allez dans la Ville pour acheter des vivres.) Cette femme Samaritaine luy dit donc : comment vous qui estes Juif me demandez-vous à boire, à moy qui suis une femme Samaritaine ? car les Juifs n'ont point de commerce avec les Samaritains. Jesus répondit, & luy dit : si vous sçaviez le don de Dieu, & qui est celuy qui vous dit, donnez-moy à boire, peut-être que vous même luy en auriez demandé ; & il vous auroit donné de l'eau vive. Seigneur, luy dit la femme, vous n'avez pas de quoy en puiser, & le Puits est profond, d'où avez-vous donc de l'eau vive ? est-ce que vous estes plus grand que nostre Pere Jacob, qui nous a donné ce Puits, & en a bû luy-même, aussi-bien que ses enfans, & ses troupeaux ? Jesus répondit, & luy dit : quiconque boit de cette eau, aura encore soif ; mais celuy qui boira de l'eau

Dicit ei Jesus,
mulier crede mihi.
Domine, video
quia Propheta
es tu. Joan. 4.
P. Giffart Regius Sculptor fecit

que je luy donnerai, n'aura jamais ſoif, mais l'eau que je luy donnerai, ſera en luy une fontaine rejailliſſante en la vie éternelle. La femme luy dit : Seigneur, donnez-moy cette eau, afin que je n'aye plus de ſoif, & que je ne vienne plus puiſer icy. Jeſus luy dit : allez, appellés vôtre mary, & venez icy. Je n'ay point de mary, répondit la femme ; & Jeſus luy dit : vous avez bien dit, je n'ay point de mary : car vous avez eu cinq maris, & celuy que vous avez maintenant n'eſt pas voſtre mary : vous avez dit vray en cela. Seigneur, luy dit la femme, je vois bien que vous eſtes Prophete ; nos Peres ont adoré ſur cette montagne, & vous autres, vous dites que Jeruſalem eſt le lieu où il faut adorer. Jeſus luy dit : femme, croyez-moy, l'heure vient que vous n'adorerez le Pere, ny ſur cette montagne, ny en Jeruſalem. Vous adorez ce que vous ne ſçavez pas, mais nous adorons ce que nous ſçavons, car le Salut vient des Juifs : mais l'heure vient, & la voicy venuë, que les vrais Adorateurs adoreront le Pere en eſprit & en verité ; car tels ſont ceux que le Pere cherche pour l'adorer. Dieu eſt eſprit, & il faut que ceux qui l'adorent, l'adorent en eſprit & en verité. Je ſçay, luy dit la femme, que le Meſſie vient, qui eſt nommé le Chriſt, lors donc que celuy-là ſera venu, il nous annoncera toutes choſes. Jeſus luy dit : c'eſt moy-meſme qui le ſuis, & qui vous parle. Et à l'heure même ſes Diſciples arriverent, & ils furent étonnez de ce qu'il parloit avec cette femme : néanmoins il n'y en eut aucun qui luy dit : que luy demandez-vous, ou pourquoy parlez-vous avec elle ? La femme laiſſa donc ſa cruche, & s'en alla dans la Ville, & dit aux gens du lieu : venez, & voyez un homme qui m'a dit tout ce que j'ay fait, n'eſt-ce point le Chriſt ? Ils ſortirent donc de la Ville, & vinrent à luy. Cependant les Diſciples le prioient, diſant ; Maiſtre, mangez ; mais il leur dit : j'ay une viande à manger que vous ne ſçavez pas. Les Diſciples s'entrediſoient, eſt-ce que quelqu'un luy auroit apporté à manger ? Jesus leur dit, ma viande est de faire la volonté de celuy qui m'a envoyé, & d'accomplir son œuvre. Ne dites-vous pas qu'il y a encore quatre mois jusqu'à la moisson ? & moy je vous dis : levez les yeux, & voyez les campagnes qui sont déja blanches pour la moisson, & celuy qui moissonne reçoit la récompense, & amasse un fruit pour la vie éternelle, afin que, & celuy qui seme, & celuy qui moissonne se réjoüissent : car en cecy, ce que l'on dit est vray, que l'un seme, & l'autre recueille. Je vous ay envoyé recueillir, ce que vous n'avez pas cultivé : d'autres ont travaillé, & vous êtes entrez dans leurs travaux. Or plusieurs habitans de cette Ville crurent en luy, à cause de la parole de la femme qui avoit rendu ce témoignage : il m'a dit tout ce que j'ay fait. Les Samaritains estant donc venus, le prierent de demeurer là, & il y demeura deux jours, & il y en eut beaucoup plus qui crurent en luy, pour avoir entendu ſa parole, de ſorte qu'ils diſoient à la femme : ce n'eſt plus à preſent à cauſe de ce que vous nous avez dit, que nous croyons : car nous-mêmes avons oüy, & ſçavons qu'il eſt veritablement le Sauveur du Monde. *S. Jean. ch. 4. ℣. 5.*

HOMELIE

HOMELIE SUR LA SAMARITAINE.

PRE'S vous avoir expliqué plus d'une fois l'Evangile d'aujourd'huy, mes tres-chers Freres, je croy qu'il sera tres-utile de vous parler à present de la Samaritaine, dont l'Eglise, Vendredy prochain, nous mettra devant les yeux l'histoire si touchante, si édifiante, si instructive, & si agréable mesme à tout le monde : de sorte qu'aprés avoir vû la conversion d'une infidelle dans la Cananée, nous verrons à present la conversion d'une heretique dans la Samaritaine.

Comme la pieté n'est jamais bien solide, si elle n'est fondée sur la Doctrine, nous avons crû, mes tres chers Freres, qu'avant de vous exposer la conversion de la Samaritaine, il estoit necessaire de vous rapporter l'histoire de sa Nation, & de sa Religion.

Le Texte Sacré nous apprend que le Patriarche Jacob revenant de Mesopotamie avec toute sa famille, vers l'an du Monde deux mil trois cent, s'arrêta dans une contrée de la Palestine, ou de la terre de Chanaan, dont une des Villes s'apelloit *Salem*, & un autre *Sichem*, & qu'ayant campé prés de ces deux villes un temps assez notable, il acheta des enfans d'*Hemor*, Pere de *Sichem*, une partie du champ dans lequel il avoit sejourné, dressé ses tabernacles, & élevé
Gen 33. 20. un Autel au Dieu d'Israël, *erecto ibi altari invocavit super illud fortissimum Deum Israël* : or c'est ce petit Païs qui fut depuis nommé *Samarie*, & ce morceau de terre qu'achetta Jacob, est celui qu'il donna en mourant
Gen. 48. 22. à Joseph son Fils, & à ses descendans, ainsi qu'il est rapporté dans la Genese ; où les ossemens de Joseph
Exod. 13. 19. furent inhumez aprés la conquête de la Terre Sainte, vers l'an 2570. *Ossa quoque Joseph quæ tulerant filii Israël de Ægypto sepelierunt in Sichem, in parte agri quam emerat Jacob à filiis Hemor patris Sichem*, & duquel il est parlé
Josue 24. 32. dans l'Evangile d'aujourd'huy : *juxta prædium quod dedit Jacob Joseph filio suo.*

Aprés la mort de Salomon, c'est à-dire, vers l'an du Monde trois mil trente, le peuple de Dieu se partagea en deux Royaumes, sçavoir en celuy de *Judæ* composé de deux Tribus dont, Roboam fut Roy, & *Jerusalem* la Capitale ; & en celuy d'*Israël* composé des dix autres Tribus, dont Jeroboam fut Roy, & dont

la Capitale fut la Ville de *Sichem* ou *Sichar*, ſur la 3. Reg. 12.
montagne d'Ephraïm ; *ædificavit autem Jeroboam Sichem* 25.
in monte Ephraïm, & habitavit ibi. La diviſion de l'état
politique produiſit un ſchiſme dans la Religion ; *ex* 4. Reg. 17.
eo tempore ſciſſus eſt Iſraël à domo David... ſeparavit enim 21.
Jeroboam Iſraël à Domino. Jeroboam craignant que ſi
ſon peuple alloit adorer Dieu en Jeruſalem, il ne ſe
remît ſous l'obéïſſance des deſcendans de David, fit
élever deux Veaux d'or aux deux extremitez de ſes 2. Reg. 17.
Etats, & ordonna à ſes ſujets de les adorer, comme les 21.
Dieux qui les avoient delivré de l'Egypte : il inſtitua
des ceremonies, des ſacrifices, & des Miniſtres de ce
culte profane, conformément à ce qui ſe pratiquoit
à Jeruſalem dans le Temple du vray Dieu, ce qui
entraîna la pluſpart de ſes Sujets dans l'Idolâtrie, &
fut la cauſe dans la ſuite de la ruine de ſa famille : *&* 3. Reg. 13.
propter hanc cauſam peccavit Domus Jeroboam, & everſa 34.
eſt & deleta de ſuperficie Terræ.

Cinquante ans environ aprés, c'eſt-à-dire, vers l'an trois mille quatre-vingt, *Amry* Roy d'Iſraël acheta
à prix d'argent de *Somer*, une montagne ſituée prés 3. Reg. 16.
Sichar, juſqu'alors ſa Capitale, & il y fit bâtir une 23.
Ville qu'il appella du nom de *Samarie*, en memoire de ſon premier Maiſtre Somer : *Amri Rex Iſraël emit montem Samariæ à Somer duobus talentis argenti, & ædificavit eum, & vocavit nomen civitatis quam extruxerat, nomine Somer Domini montis, Samariam* : & delà en avant Samarie devint la Capitale du Royaume d'Iſraël : mais quelques ſix-vingts ans aprés, ou l'an du monde trois mil trois cent, cette Ville de Samarie

fut prise & renversée par *Salmanasar* Roy d'Assyrie, qui en transporta les habitans, du moins pour la plus grande partie avec ceux du reste de ce Royaume, dans la Medie; & pour occuper la Samarie, il y transporta des peuples nommez *Chutéens* ses sujets de Medie, lesquels y commettant des impietez énormes, se virent devorez par des lions, ce qui fut cause que le Roy d'Assyrie envoya dans la Samarie quelqu'un des Prêtres Juifs qu'il en avoit amenez captifs, qui y fit adorer le vray Dieu: mais les habitans ne laisserent pas d'y adorer aussi des Idoles; de sorte qu'il s'y forma un culte fort mêlé: car en partie on y suivoit la Loy de Moïse, en partie l'espece de Religion que Jeroboam y avoit établie, & en partie les superstitions que les peuples venus de la Medie y avoient introduites.

Cent soixante & dix ans aprés cela, c'est à-dire, vers l'an du monde trois mil quatre cens soixante & huit, les soixante & dix années de la Captivité de Babylone étant écoulées, les Juifs ayans eu la liberté de retourner en leur patrie, ils voulurent rétablir leur Temple & leur Ville, suivant la permission que *Cyrus* Roi des Perses, par la providence divine leur en avoit donnée: mais les Samaritains s'y opposerent fortement, & par des voyes de fait, & par le crédit qu'ils avoient à la Cour de Perse: & de là nâquit cette antipathie, & cette jalousie des Samaritains contre les Juifs, tant en matiere de religion, que dans leurs interêts temporels: les Juifs regardant les Samaritains comme des impies, des heretiques, & des schismatiques, & les Samaritains ayant en aversion les Juifs & leur Religion.

Les Samaritains avoient voulu d'abord se mêler avec les Juifs revenus de la Captivité, & s'associer avec eux dans la construction du Temple, & l'oblation des Sacrifices, qu'ils disoient avoir toûjours offert au même Dieu que les Israëlites adoroient; mais les Juifs refuserent absolument cette union : *ædificemus vobiscum, quia ita ut vos, quærimus Deum vestrum : ecce nos immolavimus hostias à diebus Azor Haddan regis Assur, qui adduxit nos huc : & dixit eis Zorobabel, & Josue & reliqui Principes Patrum Israël, non est vobis & nobis ut ædificemus domum Deo nostro, sed nos ipsi soli ædificabimus Domino Deo nostro.* Cependant les Samaritains ayant écrit contre les Juifs au Roy *Artaxerxes*, l'ouvrage des Juifs fut interrompu par l'ordre de ce Prince : *prohibeatis viros illos ut urbs illa non ædificetur* : ainsi les Samaritains firent differer pour un temps la construction du Temple de Jerusalem; *factum est igitur ut populus terræ impediret manus populi Judæ, & turbaret eos in ædificando* : mais peu de temps aprés, l'ouvrage fut recommencé & achevé sous le Regne de *Darius*, vers l'an 3500.

1. Esd. 4. 3.

1 Esd. 4. 21.

1. Esd. 4. 4.

Quelques deux cens ans aprés, c'est-à-dire, l'an du monde environ trois mil sept cens, ou trois cens ans avant Jesus-Christ, *Manassés* frere de *Jaddus* Souverain Pontife des Juifs du temps d'*Alexandre le Grand*, fit bâtir un Temple magnifique sur la montagne de *Garisim*, laquelle est tres-fertile, & beaucoup plus élevée que celle de Samarie qu'elle commande, comme pour l'opposer à celuy de Jerusalem, en haine de ce qu'il en avoit été chassé pour avoir épousé une femme *Chutéene* habitante de Samarie, & descendante des peuples venus de Medie, comme on a dit: Ce Temple de Gariſim devint celebre, pluſieurs Juifs qui avoient épouſé de ſemblables femmes s'y retirerent, & causerent un vrai ſchiſme, & c'eſt de ce Temple érigé depuis deux cens ans, où l'on offroit des Sacrifices, & où l'on avoit inſtitué des Prêtres, des ceremonies, & le reſte de ce qui forme un culte religieux, & de cette montagne, dont parle la Samaritaine dans notre Evangile, *patres noſtri in monte hoc adoraverunt.*

Or ce ſeul récit porte avec ſoy un caractere ſi naturel de ſchiſme & d'hereſie, qu'il n'eſt preſque pas poſſible de le détourner à un autre ſens, qu'on ne faſſe une eſpece de violence au texte, comme nous l'allons voir, mes tres-chers Freres, par l'explication ſuivante, qui ne peut être qu'utile pour vous inſtruire, & vous prévenir contre l'inclination dereglée que nous avons hérité de nos premiers parens, d'aimer les nouveautez & les curioſitez, quelques dangereuſes qu'elles ſoient.

PREMIERE CONSIDERATION.

Nous liſons dans la Geneſe que dés le commencement de l'Univers, le Seigneur Dieu avoit produit dans le Paradis terreſtre quatre ſortes d'arbres differens.

Les uns, pour y ſervir d'ornement, & pour plaire aux yeux par leur ordre, leur arrangement, leur beauté, leur varieté, leurs vives couleurs, leurs fleurs odoriferantes, leurs parfums exquis, leurs rameaux vaſtes & toûjours verds, leſquels par leur ombre entretenoient ſous eux une fraîcheur agreable & perpetuelle : *plantaverat autem Dominus Deus paradiſum voluptatis à principio, in quo poſuit hominem quem formaverat, produxit quoque Dominus Deus de humo omne lignum pulchrum viſu.* Gen. 2. 9. & 3. 8.

Les ſeconds par leurs fruits délicieux ſervoient à la nourriture de l'homme, & à luy conſerver la vie naturelle : *& ad veſcendum ſuave* : car, comme obſerve ſaint Auguſtin, quoyque nos premiers parens fuſſent demeurez immortels, s'ils n'euſſent pas peché, ils ne laiſſoient pas dans cet état heureux, ayant un corps terreſtre, d'avoir beſoin d'alimens materiels pour ſe garantir de la faim & de la ſoif, *qui licet morituri non eſſent, niſi peccaſſent, alimentis tamen utebantur nondum ſpiritalia, ſed adhuc animalia corpora terrena geſtantes, ne moleſtiæ aliquid eſuriendo aut ſitiendo ſentirent.* L. 13. de Civ. Dei c. 20.

Le troiſiéme étoit l'Arbre de Vie planté au milieu du Paradis, *lignum etiam vitæ in medio paradiſi*, qui ſervoit pour entretenir dans l'homme, la vigueur & la jeuneſſe, & le preſerver de la maladie & de la caducité, *ne corpus ejus vel infirmitate vel ætate in deterius mutaretur, aut in occaſum etiam laberetur* : de cette ſorte ſi l'homme trouvoit dans les autres fruits un remede contre l'épuiſement & l'inanition, il trouvoit dans le fruit de l'Arbre de Vie un préſervatif contre la vieilleſſe & la mort : *habebat enim quantum exiſtimo, & de lignorum fructibus refectionem contra defectionem, & de ligno vitæ ſtabilitatem contra vetuſtatem.* Ibid. Ibid.

Enfin, le quatriéme planté auſſi au milieu du Paradis, s'appelloit l'Arbre de la ſcience du bien & du mal,

Gen. 2. 3. *lignum etiam scientię boni & mali in medio paradisi*: dont le Seigneur défendit l'usage à l'homme, en luy accordant celuy des trois autres : car tel fut le commandement de Dieu à Adam : mangez de tous les fruits des Arbres du Paradis, *præcepitque ei dicens* : *ex omni ligno paradisi comede* : mais ne mangez pas du fruit de l'Arbre de la science du bien & du mal ; *De ligno autem scientiæ boni & mali ne comedas* : car en quelque jour que vous en mangiez, tenez pour certain que vous mourrez, *in quacumque enim die comederis, morte morieris.* Cet arbre fut donc ainsi nommé pour signifier à l'homme que s'il en mangeoit contre la défense qui lui en étoit faite, ou s'il s'en abstenoit, il experimenteroit le mal de sa désobéïssance, ou le bien de l'obéïssance, *quantum interesset inter bonum obedientiæ, & malum inobedientię*, continuë toûjours saint Augustin.

La premiere femme, quoique parfaitement instruite de la défense divine, & de la peine de mort attachée à la transgression du precepte, ainsi qu'il parut par son entretien avec le demon, *ut tangendo vetitum* In Psal 70. *inveniret supplicium*, ajoûte ailleurs le même Saint; aveuglée cependant par le desir ambitieux de connoître, & d'experimenter, & enyvrée d'amour propre & de vanité par la demangaison immoderée d'être sçavante, selon l'expression du même Pere, *libido sciendi*, se laissa seduire à l'esprit de mensonge qui la flata de la pensée présomptueuse, qu'en mangant du fruit de l'arbre de la science du bien & du mal, elle deviendroit semblable à Dieu même, qu'elle seroit sçavante, éclairée, & habile en toute sorte de con-

coissances

noissances sublimes & rares. Adam par une molle complaisance pour son Epouse qui le solicita de l'imiter, & qu'il ne voulut pas contrister, reçut d'elle & mangea ce fruit défendu ; mais ces deux nouveaux Dieux eurent beau ensuite ouvrir leurs yeux pour découvrir des merveilles surprenantes, ils ne virent pour toute récompense d'avoir voulu estre sçavans, que le bien qu'ils avoient perdu, & que le mal qu'ils avoient encouru ; que le haut degré de lumiere dont ils avoient innocemment joüy, & que l'abîme de tenebres dans lequel ils estoient miserablement tombez, *ab ipsa experientia dignosceret quid interesset inter bonum quod amisit, & malum quod admisit.* *l. 8. de gen. ad lit. c. 14.*

Le crime des deux fut different : Eve se laissa tromper au demon qui se servit de l'organe d'une bête, laquelle devoit estre soûmise à la raison : Adam se laissa suborner à la condescendance qu'il eut pour sa femme, laquelle devoit estre condescendante à la conduite de son mary : tous deux seduits, quoique differemment ; Eve par le Serpent, Adam par sa femme ; mais la séduction de la femme fut incomparablement plus grande que celle de l'homme qui fut plûtost complaisant que seduit, dit saint Chrysostome : *par autem profecto non est ab ea, quæ sibi generis societate jungeretur, decipi, & à bestia quæ servituti hominum erat addicta.* *ho. 9 in 2. Ep. ad Tim.* Et tous deux déranger ent ainsi la subordination que le Créateur avoit établie.

Que si la Justice de Dieu punit un tel déreglement, sa misericorde voulut établir dans le desordre mesme, un ordre, qui sans doute tient de la punition, &

qui néanmoins n'étant pas observé, augmente l'ancienne depravation, & attire un nouveau châtiment, *amplius depravabitur natura, & augebitur culpa*, dit saint Augustin en un semblable sujet : Ecoutons saint Paul là dessus. Je veux, dit ce grand Apostre, que les femmes reçoivent l'instruction en silence, & avec toute soûmission : *mulier in silentio discat, & cum omni subjectione*; & je ne permets point à la femme d'enseigner, ou de s'eriger en Docteur, & de vouloir dominer sur l'homme, *Docere autem mulieri non permitto neque dominari in virum* : il faut que le rang de la créature suive l'ordre de la création : Adam fut formé le premier & ensuite Eve : *Adam enim primus formatus est; deinde Eva* : mais Adam ne fut pas séduit, ce fut Eve, qui seduite par le Serpent, encourut & le crime & la peine de la prévarication, *& Adam non est seductus, mulier autem seducta in prevaricatione fuit*; & laquelle par consequent, dit saint Chrysostome sur cet endroit, d'égale qu'elle estoit à l'homme avant son peché, devint inferieure & soumise à l'homme, parce qu'elle abusa du credit qu'elle avoit sur l'homme : *idcirco ipsam subdidit Deus, quia honoris parilitate principio sibi indulta pessime usa fuerat.* Ce qui se passa donc dans Eve fut une veritable séduction, en comparaison de laquelle le peché d'Adam ne merite pas ce nom, *ad comparationem ergo mulieris, dicit Apostolus, Adamum non fuisse seductum* : ainsi Adam viola le precepte, cedant, non à la gourmandise, mais à la femme, *non igitur iste concupiscentiæ cedens, sed obtemperare volens mulieri, simpliciter prævaricatus est.* En effet la femme accusée répondit,

De Gen. ad lit. l. 11. c. 17.

1 Tim. 2. 11.

le Serpent m'a trompé ; *nempe mulier quidem crimen excuſans, ait, Serpens decepit me* : l'homme au contraire ne dit pas, la femme m'a trompé, mais la femme m'a donné de ce fruit, & j'en ai mangé ; *Adam vero non ait mulier decepit me, ſed dedit mihi de ligno & comedi.* Quelle foibleſſe pour Adam ! quelle dégradation pour ſon Epouſe, que l'Apoſtre ne qualifie plus du nom glorieux d'*Eve*, mere de tous les vivans, mais du nom de *femme*, continuë ſaint Chryſoſtome, *non enim dixit Apoſtolus, Eva autem ſeducta, ſed mulier.*

Le meſme Apoſtre dans ſa premiere Epître aux Corinthiens, inculque encore plus fortement cette obligation ; que les femmes ſe taiſent dans les Egliſes, dit il, *mulieres in Eccleſiis taceant*, car il ne leur eſt 1. 14. 34 pas permis d'y parler, *non enim permittitur eis loqui*, & non ſeulement elles n'y doivent pas parler, mais de plus elles doivent eſtre ſoûmiſes, ſans doute à ce qu'on y enſeigne ; conformément à la loy ancienne portée contre la premiere femme, en punition du deſir dereglé qu'elle eût de devenir ſçavante, & de la croyance qu'elle donna à l'eſprit de menſonge : *ſicut & Lex dicit* : or la voicy cette Loy ancienne, *ſub viri poteſtate eris, & ipſe dominabitur tui* : raiſon pour laquelle ſaint Paul exige des femmes non ſeulement le ſilence de la langue, mais la ſoûmiſſion de l'eſprit, *non tacere ſolum exigit, ſed ſubjici* : or ſi elles doivent ſe taire dans les Temples materiels, combien plus dans les aſſemblées Eccleſiaſtiques ? *multo magis apud Doctores, & Patres, & in communi cœtu Eccleſiæ* Tout cecy eſt de ſaint Chryſoſtome, expliquant cet endroit de l'Apôtre.

Cependant le desir immoderé de sçavoir ne s'est pas encore éteint dans l'abyme profond de l'ignorance humaine : le Serpent tente toûjours la femme de goûter le fruit de l'arbre de la science du bien & du mal, & la femme est toûjours portée à prêter l'oreille aux curiositez, à vouloir dogmatiser & se mêler des controverses de Doctrine qui s'élevent dans l'Eglise, & à se servir, comme Eve, du crédit qu'elle n'a que trop souvent sur l'homme, pour l'engager avec elle dans les sectes & les nouveautez : on ne peut donc representer plus naturellement l'heresie, que sous le symbole d'une femme, & d'une femme telle que la Samaritaine d'aujourd'huy, qui vouloit raisonner sur la Religion.

SECONDE CONSIDERATION.

1°. La premiere reflexion que l'Evangile donne lieu de faire par raport au sujet que nous traittons, est sur le Territoire de Samarie, où se trouvoit alors le Fils de Dieu, *oportebat autem eum transire per Samariam ;* c'estoit un pays rempli d'heretiques, qui s'étant separez du reste des Juifs, alors les vrais fideles, avoient établi un nouveau ministere different de l'ancien, construit un Temple pour l'opposer à celuy de Jerusalem, erigé Autel contre Autel, & joint à l'impieté de l'erreur, le scandale du Schisme ; état d'autant plus funeste qu'il éteint tout à la fois, & la Foy dans l'esprit, & la Charité dans le cœur, & que selon la doctrine des Saints Peres, il seroit plus glorieux de souffrir la mort pour ne pas rompre l'unité, que pour ne pas adorer les Idoles : *gloriosum fuisset idcirco subire martyrium ne Ecclesiam scinderes, quam ut ne idolis sacrificares*, disoit saint Denis Patriarche d'Alexandrie écrivant à Novat fameux Schismatique, vers l'an deux cens cinquante-cinq, & selon moy, continuë ce Sçavant Prelat, je tiens que c'est une chose même plus illustre, *immo illud meo quidem judicio illustrius fuisset* : parce que dans l'un on ne combat que pour soy, & que dans l'autre on souffre pour toute l'Eglise ; *hic enim pro sua unius anima, illic pro omni Ecclesia martyrium quis sustinet* : & Saint Augustin observe que dans le desert le glaive tua bien à la verité les idolâtres, mais que la Terre engloûtit les Schismatiques ; *Idololatras enim in Populo Dei gladius interemit, Schismaticos autem terræ hiatus absorbuit.* Euseb. 6. 46. l. 1. de Baptis. Don. c. 8.

Qu'icy le Chrétien foible & peu éclairé n'aille point se scandaliser de voir l'yvroie de l'heresie répanduë dans le champ de l'Eglise, puisque sans doute il y auroit bien plus lieu de s'étonner, s'il n'y en avoit point du tout, dit Tertullien, *vanè ergo & inconsideratè plerique hoc ipso scandalisantur, quod tantum hæreses valeant : quantum si non fuissent ?* qu'il reconnoisse au contraire une assistance continuelle du Saint Esprit à conserver dans l'Eglise durant tant de siécles l'unité de la foy dans une doctrine aussi haute que celle du Christianisme ; dans une profondeur aussi extrême que celle de l'Ecriture ; dans une multiplicité aussi effroyable de sectes, que celles qui partagent le monde ; dans une incertitude aussi grande que celle de l'esprit hu- de præscrip.

main toûjours flotant : & qu'il sçache que le ministere des Ouvriers Evangeliques consiste à faire spirituellement sur la terre, lorsqu'ils exercent leurs fonctions, ce que les Apôtres faisoient exterieurement sur la mer, lorsqu'ils reçûrent la grace de leur vocation, non-seulement à pêcher des ames en general, *mittentes rete in mare* ; mais de plus à purifier les pecheurs de l'ordure du vice, *lavantes retia* ; à reparer les divisions que les schismes & les heresies causent dans l'Eglise ; *reficientes retia* ; à redresser les devotions mal ordonnées des fideles indiscrets, *componentes retia.*

2°. La seconde reflexion est sur cette expression de l'Evangile, laquelle n'est pas sans mystere, dit saint Augustin, que le Sauveur arrivant à Samarie se trouva fatigué, *Jesus ergo fatigatus ex itinere* : en effet le propre de l'heresie est de fatiguer l'Eglise par des contestations sans fin ; l'impie l'afflige ; le luxurieux la déshonore ; l'avaricieux l'avilit ; mais l'héretique indocile, incommode, opiniâtre, la fatigue : les novateurs, quoiqu'elle les refute, ne laissant pas par leur hardiesse à avancer de faux dogmes, de pervertir les foibles, de jetter des doutes dans l'esprit des forts, & de
Ibid. c. 15. lasser les sçavans, ajoûte Tertullien, *scripturas obtendunt, & hac sua audacia, quosdam commovent, firmos fatigant, infirmos capiunt, medios cum scrupulo dimittunt* : C'est pourquoy, ajoûte-t-il, l'Apôtre donne pour regle, de ne point s'amuser à contester avec eux, mais
C. 17. & 18. de les éviter, aprés leur avoir fait la correction, *hæreticum post unam correptionem, non post disputationem, devi-*

tare : Car qu'avancerez vous par vos diſputes, quelque ſçavant que vous ſoyez dans l'intelligence des Ecritures? ſinon de laiſſer les auditeurs en ſuſpens, voyans la theſe également attaquée & défenduë, & d'avoir échaufé inutilement votre bile, *nihil conſequeris niſi bilem de blaſphematione*. & cela contre des gens encore plus bilieux que vous ; car tel eſt le genie contentieux des héretiques, *hæretici calida inquietudine agitantur*, dit ſaint Auguſtin : auſſi fut-ce ſur le midy, lors de l'ardeur du Soleil, que le Sauveur arriva tout fatigué à Samarie, *erat autem hora quaſi ſexta* ; car tout eſt ici figure & verité, ſelon le même Pere : *jam incipiunt myſteria, Chriſtus hora ſexta fatigatus, ſedet.*

L. 16. de Civ. Dei c. 2.

Quelquefois même il arrive que l'héretique par ſes clameurs & ſes ſubtilitez, paroît ſortir victorieux du combat, le Catholique ſemblable à l'Heritier legitime étant moins ſçavant de ſes droits ſur la maiſon paternelle, que l'uſurpateur du bien d'autrui toûjours inquiet qu'on ne le dépoſſede, & toûjours préparé à ſe défendre ſi on l'attaque : mais il a beau faire, ni lui ni ſes ſemblables, loin d'ébranler l'Egliſe, ne feront que l'affermir davantage, l'experience ayant fait voir que tous les efforts de ſes ennemis pour la détruire, n'ont ſervi qu'à l'établir plus puiſſamment, car les perſecutions ont fait éclater ſa foy ; les hereſies, ſa ſageſſe ; les ſchiſmes, ſa charite ; les vices, ſa pieté, tellement que la ſaine doctrine, & l'eſprit de ſainteté y demeure toûjours, malgré le libertinage & la corruption qui regnent dans le monde.

3°. La troiſieme reflexion ſe tire du lieu particulier

où le Sauveur s'arrêta ; ce fut à Sichar, prés de l'heritage que Jacob donna à son fils Joseph, *venit ergo in civitatem Samariç, quod dicitur Sichar, juxta prædium quod dedit Jacob Joseph filio suo* : mais en cela, dit saint Augustin, Jacob fut la figure du Pere éternel, & Joseph fut celle de Jesus-Christ : cet heritage representa l'Eglise donnee à Jesus-Christ par son Pere, & ce puits sur le bord duquel Jesus-Christ s'assit, signifie l'eau salutaire qui jointe à la parole de vie, devoit laver le monde entier, *erat autem ibi fons Jacob, Jesus ergo fatigatus ex itinere sedebat sic supra fontem.* La difference qui se trouve ici, c'est que ce fut en mourant que Jacob donna à son fils Joseph cet heritage qu'il avoit acquis avec le glaive & l'arc : *en ego morior, do tibi partem unam quam tuli de manu Amorrhęi in gladio & arcu meo* : & que c'est le Pere éternel toûjours vivant qui a donné à son Fils mourant l'Eglise, ce riche heritage qu'il a par sa mort enlevé au demon figuré par l'Amorrheen, *hanc hæreditatem non moriens pater filio suo reliquit, sed filius eam sua morte mirabiliter acquisivit.* Cette eau vive est donc la doctrine du Sauveur, dit S. Jerôme, *aquam autem vivam doctrinam Salvatoris... Sciet qui biberit.* La Ville de Sichar où se trouva le nouveau Joseph, vrai Sauveur du monde, est l'Eglise, selon saint Ambroise; *hęc Sichima Ecclesia est*; & avec raison, car elle en portoit les caracteres, & en figuroit les qualitez les plus inseparables, l'antiquité & la sainteté.

Gen. 48. 21.

S. Aug. in Ps. 78. post init.

S. Hyer. in Zach. c. 14.

L. 2. de interp. David c. 4.

L'antiquité, puisque l'acquisition de cet heritage par Jacob étoit aussi ancienne que la premiere congregation du peuple de Dieu renfermée dans la famille

mille de ce Patriarche, nommé *Iſraël*, c'eſt-à-dire, voyant Dieu, d'où l'on peut dire que la Synagogue commença dés-lors à ſe former, & cela, pres de deux mille ans avant la venuë de Jeſus-Chriſt.

La ſainteté, puiſque cette ſource que Jacob y avoit creuſée, & dont il avoit bû, eſtoit la figure de cette eau rejailliſſante en la vie éternelle, dont il eſt icy parlé, & qui devoit ſe trouver dans l'Egliſe du vray Joſeph, qui ſeul peut donner le S. Eſprit & la Grace qui nous juſtifie; de quoy le Sauveur parloit à la Samaritaine, quand pour l'élever d'une eau materielle qui lave le corps, à une eau plus ſpirituelle qui purifie l'ame, il lui diſoit: O ſi vous ſçaviez le don de Dieu, *ſi ſcires donum Dei*! parce que, comme remarque ſaint Auguſtin ſur cet endroit, le don de Dieu, c'eſt le S. Eſprit qui ne ſe donne que dans l'Egliſe: *donum Dei, eſt Spiritus ſanctus*: & il eſt remarquable que dés le commencement de la predication de l'Evangile, les Samaritains reçûrent le Baptême, ce qui ayant eſté ſçû à Jeruſalem, les Fideles leur envoyerent ſaint Pierre & ſaint Jean, qui leur impoſant les mains, firent deſcendre ſur eux le S. Eſprit avec une effuſion merveilleuſe, la verité ſuccedant à la figure, *tunc imponebant manus ſuper illos, & accipiebant Spiritum* *Act. 8. 17.* *ſanctum.* Ainſi toute Secte qui ſent la nouveauté n'eſt pas l'heritage du Roi des ſiecles, & on dira juſqu'à la fin à tous les novateurs, ce qu'on leur a dit dés le commencement: qui êtes-vous? depuis quand, & d'où venez-vous? *qui eſtis? quando & unde veniſtis?* *Tertul. de praeſcr. c. 37.* on leur dira cette excellente & importante maxime des pre-

S. Cyprian. Pomp. Epi.

miers tems qu'on n'innove rien au de-là de ce qu'on a reçû : *nihil innovetur nisi quod traditum est.* Or les heresies n'auront jamais cette antiquité, cette durée, cette stabilité, & il n'y en a point dont on ne puisse précisement donner la datte de la naissance, du progrés, de la décadence, & de la fin, ainsi que de son Autheur, & sur tout de sa separation d'avec la vraye Eglise, & faire voir par-là qu'elles ne tenoient par aucune continuité, ni aux tems qui precedoient, ni aux societez qui existoient : au lieu que l'Eglise Catholique comme la souche de la vraye Religion, si l'on peut parler ainsi, est la seule societé dont on ne peut assigner le commencement ; qu'on ne peut accuser de s'être formée en se separant ; qu'on trouve avant toutes les separations, & de laquelle toutes les autres se sont separées ; & cela même qu'elle est la seule de toutes les societez qui sont au monde, à laquelle nul ne peut montrer son commencement, ni aucune innovation dans la doctrine, ni aucune interruption de son état visible & exterieur, par aucun fait averé, pendant qu'elle le montre à toutes les autres societez qui l'environnent, & par des faits qu'elles mêmes ne peuvent nier, est un caractere sensible qui donne une inviolable autorité à l'Eglise, & un accomplissement incontestable aux promesses de Jesus-Christ : *que l'Enfer ne prévaudroit point contre elle ; qu'il ne l'abandonneroit pas, qu'il seroit avec elle jusqu'à la fin des siecles, &c.*

Et pour la sainteté, dés-lors qu'une Secte ne puise pas sa doctrine dans cette source d'eau rejaillissante en la vie éternelle, on peut s'assûrer que ce n'est pas l'heritage du vrai Joſeph : En effet comment l'Egliſe ne ſeroit-elle pas ſainte? ſonChef qui eſt J. C. eſt le Saint des Saints ; l'eſprit qui l'anime eſt ſaint ; ſes membres qui ſont les Fideles ſont conſacrez à Dieu & apellez à la ſainteté ; les Sacremens qu'elle adminiſtre ſanctifient les ames ; la doctrine qu'elle enſeigne eſt ſainte,& rend ſaints ceux qui l'obſervent ; elle ſeule a les moyens de nous ſanctifier ; tout ce qu'elle eſt, & tout ce qu'elle a,eſt dedié au ſervice & au culte de Dieu ; des trois parties qui la compoſent, celle du Ciel & celle du Purgatoire ſont dans une ſainteté immuable ; la troiſiéme qui eſt celle de la terre ſe ſanctifie tous les jours, & s'occupe ſans ceſſe à procurer & à avancer la ſanctification de ſes membres, & de tous ceux qu'elle peut attirer à ſon corps par la miſericorde de Dieu, & par les ſoins de ſa charité : condamnant la corruption des mauvais Catholiques, elle ne peut y avoir part, ni être coupable de leurs pechez qu'ils ne commettent pas par ſon conſentement, ni par ſon eſprit, mais par le déreglement de leurs mœurs, & ſuivant leur propre volonté contre la ſienne : car elle fait ce qu'elle peut pour les corriger par ſa diſcipline, par ſes prieres, par ſes exemples ; elle travaille par la grace de Jeſus-Chriſt à ſe purifier elle-même de plus en plus des moindres taches & des moindres défauts de cette vie,aſpirant continuellement à la ſainteté parfaite, qu'on peut dire en un ſens qu'elle poſſede deja,non ſeulement en eſperance,mais auſſi en effet du moins dans ſes membres qui ſont au Ciel,& leſquels y arrivent tous les jours par ſon miniſtere. Elle renferme tous les Saints dans son unité, puisque tous les Saints dont les ames bien heureuses sont, ou seront avec Dieu, ont esté, ou seront conçûs, & formez dans cette Eglise.

4o. La quatriéme reflexion est sur ce que Jesus-Christ n'entra point dans cette Ville de Sichar, & qu'il s'en tint éloigné, tandis que ses Disciples qui le laisserent seul estoient allez acheter des vivres : *Discipuli enim ejus abierant in civitatem, ut cibos emerent* : car comme tout est mysterieux dans l'Evangile, & que les actions de la parole incarnée, estoient elles mêmes des paroles, *factum Verbi, verbum est*, dit saint Augustin ; il est sans doute que Jesus-Christ a voulu par-là nous instruire de l'obligation que nous avons de nous éloigner des heretiques & des schismatiques : l'usage en estoit établi chez l'ancien peuple, ainsi que la pratique des Scribes, des Phariſiens, & des Docteurs de la Loy le fait voir en plusieurs endroits de l'Evangile ; Jesus-Christ l'avoit annoncé dans ses predications ; il ordonna à ses Disciples de n'avoir aucun commerce ni civil ni religieux, avec celuy qui n'écoute pas l'Eglise, *si autem Ecclesiam non audierit, sit tibi velut Ethnicus & Publicanus*. Il leur enjoignoit expressément de n'entrer point dans aucune Ville des Samaritains rebelles à la Synagogue, *in civitates Samaritanorum ne intraveritis* : Le Disciple bien-aimé de ce divin Maître, & si rempli de son Esprit, écrivant à une Dame de pieté, apparemment riche, puisqu'elle exerçoit l'hospitalité selon l'usage de ce temps-là, du moins à l'égard des Chrétiens, luy prescrit ce

Mat. 18. 17.
Mat. 10. 5.

qu elle doit faire au ſujet des heretiques : il lui mande non ſeulement d'eviter ceux qui ſeront infectez d'une mauvaiſe doctrine, mais encore de ne les point admettre chez elle, ſous couleur d'hoſpitalité, ou ſi on les y a reçûs ſans les connoître, qu'on les renvoye ſi tôt qu'on les aura reconnus pour tels : de plus, ce Saint Evangeliſte défend qu'on leur rende les devoirs communs que la civilité ordinaire engage de rendre generalement aux autres ; & de les ſaluer dans les rencontres. *Si quis venit ad vos, & hanc doctrinam non affert, nolite recipere eum, nec ave ei dixeritis.* 2. *Joan.* 1. 10. Ainſi le ſaint Apôtre ordonne d'en uſer à l'égard d'un heretique, comme Nôtre-Seigneur veut qu'on en uſe à l'égard d'un Chrétien rebelle à l'Egliſe, qu'il faut l'éviter luy & ſes ſemblables ; ſoit par prudence, parce que leur ſocieté eſt préjudiciable ; ſoit par zele, afin de témoigner à Jeſus-Chriſt notre attachement pour ſes intereſts ; ſoit par charité, afin de leur donner horreur de leur état, voyant qu'on les fuit comme des peſtiferez ; ſoit pour éviter le ſcandale que nous cauſerions en les frequentant : car en ſaluant les perſonnes égarées dans la foy, nous ſemblons témoigner que nous participons à leurs égaremens, & qu'ils nous ont attiré avec eux dans leur revolte, ou que nous voulons les authoriſer & les défendre contre l'Egliſe qui les condamne ; ce qui fait ajoûter à cet Apoſtre, que celuy qui en uſe autrement participe à leurs mauvaivaiſes actions, *qui enim dicit illi, ave, communicat operibus ejus malignis.*

Ce Saint Apoſtre confirma par ſa conduite & ſon

exemple, ce qu'il avoit établi par ses lettres, & par ses prédications, car ayant une fois trouvé l'heretique Cerinthe dans une maison, il en sortit aussi tost, & s'enfuit de ce lieu, ne pouvant pas demeurer sous un même toict avec cet impie, & exhortant ceux qui l'accompagnoient de le suivre, & d'en faire autant,
S. Iren. L. 3. c. 3. Euseb. l. 3. c. 28. & l. 4. c. 14. *statim ex eo loco fuga se proripuit, cum ne tectum quidem idem cum Cerintho subire sustineret; hortatumque esse comites suos ut idem facerent*, fuyons, leur dit il, fuyons, depeur que la maison où est Cerinthe l'ennemy de la verité, ne tombe sur nous, & ne nous écrase, *fugiamus, inquit, ne balneum corruat in quo Cerinthus est inimicus veritatis*; c'est ce que nous apprenons de Saint Irenée & d'Eusebe.

Ces deux mesmes auteurs rapportent encore que Saint Polycarpe, le disciple fidele des Apostres, & en particulier de Saint Jean, honoré de la dignité d'Evêque & de la couronne du martyre, estant à Rome trouva l'heretique Marcion, qui luy ayant dit, nous connoissez vous? *agnoscis nos?* il luy répondit: oüy, je vous connois pour le fils aîné de Satan; *agnosco te primo-*
Ibid. *genitum Satanæ*: tant les Apostres & les hommes Apostoliques, continuë Saint Irenée, avoient en horreur les Novateurs qui corrompoient la verité, jusqu'à ne vouloir pas leur parler; *tantum Apostoli & eorum discipuli habuerunt timorem ut nec verbo communicarent alicui eorum qui adulteraverunt veritatem*: tant cette maxime de Saint Paul estoit vivement gravée dans leur cœur: évitez l'homme heretique, aprés l'avoir une fois re-
Tit. 3. 10. pris: *hereticum autem hominem post unam & secundam cor-*

reptionem de vita; ſçachant que c'eſt un homme perverti & condamné par ſon propre jugement, viſiblement opoſé à celuy de l'Egliſe, & par conſequent, portant en luy ſa condamnation; car c'eſt ce que veulent dire ces paroles, *ſciens quia ſubverſus eſt qui ejuſmodi eſt, & delinquit, cum ſit proprio judicio condemnatus.*

Telle eſt la leçon que nous fait le Sauveur, en s'abſtenant d'aller à Samarie. Telle eſt l'inſtruction qu'il nous donne, & delà vient que les Apoſtres dans l'Evangile d'aujourd'huy furent ſurpris de le voir parler à une femme Samaritaine, ſçachant bien l'opposition de Juifs aux Samaritains, *mirabantur quod cum muliere loquebatur, non enim coutuntur Judæi Samaritanis*, il n'y a donc pas lieu de s'étonner ſi Jeſus-Chriſt n'entra point dans cette Ville heretique, & s'il ſe tint dans l'ancien heritage de Jacob qui repreſentoit ſon Egliſe, *hæc Sichima Eccleſia eſt*, dit Saint Ambroiſe. *Supra.*

TROISIE'ME CONSIDERATION.

Le Sauveur eſtant donc aſſis ſur le bord de ce Puits, voicy qu'une femme ſortant de Samarie, vint pour y puiſer de l'eau, *venit mulier de Samaria haurire aquam.* O! incomprehenſible humilité, s'écrie Saint Chryſoſtome, celuy à qui les Cherubins ſervent de Thrône, s'abaiſſe juſqu'à s'aſſeoir ſur une pierre dure! celuy qui créa l'univers d'une ſeule parole, ne dédaigne pas de s'entretenir avec une vile creature. *O inſignem humilitatem! qui ſuper Cherubim ſedet, cum muliere confert ſermonem! & ſedebat cum muliere colloquens Deus!* mais *ibid.*

que l'ouvrier Apostolique, sur tout celuy qui s'aplique à la conversion des heretiques, admire icy trois vertus en Jesus-Christ, dit saint Chrysostome, & qu'il les imite : *sa vie laborieuse*, il marche à pied pendant la chaleur du jour, *fatigatus ex itinere* : en second lieu, *son denument*, on ne porte nulle provision avec luy, *Discipuli abierunt ut cibos emerent*. Enfin *son humilité*, il reste seul, sans disciple, ny domestique, assis, non dans une chaise, mais sur la terre : (*ibi contemptor, laboris studiosus, sectator humilitatis relictus solus, non in sella sedens, sed in terra*. De plus, considerez, mes freres, comment l'esprit de l'heresie se découvre icy par tout ; où est-ce que cette Samaritaine heretique vient puiser de l'eau ? au Puits de Jacob, dans l'ancien heritage de Joseph ? Qu'est-ce à dire ? sinon que c'est dans le fonds même de la doctrine Chrétienne, dans la profondeur des Ecritures qui appartiennent à l'Eglise ; dans le patrimoine de Jesus-Christ, que l'heresie vient chercher ses argumens, & sa fausse Theologie, pour alterer la pureté de la foy : car on l'a vû, selon Saint Ambroise, ce Puits sur le bord duquel nostre Divin Docteur est assis, & d'où il doit répandre les eaux de sa Doctrine salutaire ; en un mot cet heritage de Jacob donné à Joseph, est l'Eglise de Jesus-Christ que son Pere luy a donnée : *hæc Sichima Ecclesia est* : & selon saint Jerôme, cette eau vive, est la Doctrine du Sauveur, laquelle ne se trouve que dans l'Eglise : *aqua viva est Doctrina Salvatoris* : Samarie est une montagne aride & seiche, qui n'a aucune source : il faut qu'elle aille se pourvoir d'eau ailleurs que sur les hauteurs, qui representen

In c. 4 Joanni.

supra.

supra.

ſentent les heretiques orgueilleux, dit le même ſaint Jerôme, & qui ſemblables aux montagnes de Gelboé, ne ſont jamais detrempées par la roſée, ou la pluye du Ciel : *per montes intelliguntur principes Hæreſeon, ſuperbiaque, & arrogans hæreticorum tumor* : de ſorte que peu contens de leur territoire, ils ſe jettent ſut le patrimoine du Fils de Dieu, c'eſt-à-dire, qu'ils uſurpent l'Ecriture Sainte, comme ſi elle leur appartenoit, quoique les Catholiques leur faſſent ſans ceſſe cet ancien reproche que les premiers Chrétiens leur faiſoient, ſelon Tertullien, & qu'on leur fera toûjours : d'où vient que vous vous emparez de noſtre bien ? pourquoy détournez-vous l'eau vive de noſtre ſource? *quid in meo agitis non mei? quâ licentiâ, Valentine, fontes meos tranſvertis?* d'où vient que vous entreprenez de donner un ſens à mes Ecritures que je n'ay jamais entendu comme vous? mais quoy c'eſt la coûtume des novateurs de dépraver les Ecritures : les Epîtres de ſaint Paul, quoyqu'encore vivant, n'ont pû s'en garantir, au raport du chef des Apoſtres, *quæ indocti & inſtabiles depravant, ſicut & cæteras ſcripturas ad ſuam ipſorum perditionem.*

In. c. 18. Iſa. p. 149. in c. 57. p. 418.

De præſc. c. 37.

2. 3. 16.

2°. Voicy une ſeconde remarque, *c'eſt une femme* qui vient puiſer de l'eau dans le Puits de Jacob, c'eſt-à-dire ſe mêler de ſcience, & d'aprofondir les queſtions controverſées : *venit mulier de Samaria haurire aquam.* Qui pourroit dire le mal que les perſonnes de ce ſexe ont fait à l'Egliſe par leur inclination pour les nouveautez, & par la protection qu'elles ont données aux Novateurs?

Dés le temps des Apostres, *Simon le Magicien* établit son heresie par le secours d'une femme nommée Helene, *Simon Magus hæresim condidit Helenæ adjutus auxilio.*

Celle des *Nicolaïtes* se fortifia par le ministere de plusieurs femmes unies ensemble qui la professerent, *Nicolaus Antiochenus choros duxit fœmineos.*

Celle des *Marcionites*, s'accrut par une femme envoyée à Rome par cet heresiarque, pour preparer la voye à ses erreurs : *Marcion Romam præmittit mulierem quæ dicipiendos sibi animos præpararet.*

Apelles eut avec luy une femme qui luy servoit beaucoup à étendre sa mauvaise doctrine, *Apelles Philumenem suarum comitem habuit doctrinarum* : Tout cecy est de saint Jerôme dans son Epitre à Ctesiphon.

Saint Jean l'Evangeliste fait mention d'une Dame nommée, *Jesabel*, qui se disant inspirée de Dieu dogmatisoit, & seduisoit beaucoup de fideles, *quæ se dicit*
Apoc. 2. 20. *Prophetam, docere, & seducere servos meos* : elle joignoit l'hypocrisie, c'est à-dire, une dévotion apparente, aux erreurs qu'elle répandoit : car le Seigneur prenant en ce lieu la qualité de celuy qui ne s'arrête pas à l'exterieur, mais qui sonde les reins & le cœur, & qui jugera les hommes selon les œuvres, & non suivant les belles paroles, la menace, que si elle n'abandonne pas sa mauvaise doctrine, & ne fait pas penitence, elle & ses sectateurs seront frappez d'un châtiment épouventable, *in tribulatione maximâ erunt nisi pœnitentiam egerint,*

L'heresie des *Montanistes*, vers l'an cent soixante,

s'accrut extremement par l'appuy que luy donnerent *Prisque* & *Maximille*, deux celebres Dames de qualité, dont les grandes richesses servirent premierement à gagner beaucoup d'Eglises à cette secte, & ensuite à les corrompre par le poison de l'heresie, au raport de saint Jerôme & d'Eusebe: *Montanus multas Ecclesias per Priscam & Maximillam nobiles & opulentas fœminas primum auro corrupit, deinde hæresi polluit.* *Ibid. supra.*

Le Schisme des Donatistes, un des plus grands qui soit arrivé, fut principalement formé environ l'an trois cent onze, par une Dame & Espagnole, Chrétienne nommée *Lucilla*, tres riche & tres qualifiée, qui pour lors estoit à Carthage, sur ce qu'elle avoit été reprise par Cecilien Archidiacre, & depuis Evêque, de ce qu'avant la reception de l'Eucharistie en sa bouche, elle baisoit l'os d'un homme qu'elle prétendoit estre Martyr, & qui n'estoit pas encore reconnu pour tel dans l'Eglise: *quæ ante Spiritalem cibum & potum, os nescio cujus Martyris necdum vindicati, libare dicebatur.* Cette correction fut insuportable à une femme orgueilleuse, *Schisma confusæ mulieris iracundia peperit*: elle attira dans son ressentiment un gros party déja tout disposé à la division, & causa des maux infinis à l'Eglise: *Donatus per Africam ut infelices quosque fœtentibus pollueret aquis, Lucillæ opibus adjutus est*, continuë Saint Jerôme. *Optat. 1. post. ini.*

Dans l'Espagne quelque temps aprés, deux Dames, l'une nommée Agape, & l'autre Galla, donnerent dans l'erreur naissante des *Priscillianistes*, & attirerent dans ce precipice quelques Evêques aussi aveugles qu'elles: *in Hispania Elpidium, mulier virum cœcum cœca duxit in foveam successoremque Priscillianum, &c.* Cecy est encore de S. Jerôme, qui de plus rapporte au même endroit qu'Arrius, le plus détestable héretique qui fut jamais, pour seduire plus sûrement l'Univers, avoit commencé par seduire la Sœur de Constantin, premier Empereur Chrétien: *Arius ut orbem deciperet, Sororem Principis antè decepit*; ce qui fit un tort d'autant plus considerable à l'Eglise, que cette Princesse étoit illustre par sa naissance, par sa sagesse, par sa pieté; & peut-être que son mauvais exemple fut cause que quelques Imperatrices qui la suivirent, tomberent dans le même piege, & protegerent la même heresie, rien n'étant plus imperceptible, que le passage de la doctrine ancienne à une erreur naissante. N'en est-ce pas assez pour nous faire déplorer le peché de nostre premiere mere, & de celles qui luy ayant succedé dans le desir dereglé de sçavoir, loin de se contenir dans le silence & la soûmission, ont osé venir comme la Samaritaine puiser l'eau de la doctrine dans le Puits de Jacob, & étendre leur main au fruit défendu?

Supra.

Saint Epiphane écrit une chose trop remarquable à ce sujet pour ne pas la rapporter icy: il nous dit que sept cens filles de la Ville d'Alexandrie, lesquelles avoient voüé à Dieu leur virginité, embrasserent l'heresie de ce même Arius, & on ne lit point que la condamnation qu'en fit leur saint Archevêque, ni la soûmission qu'elles devoient avoir pour luy, & pour toute l'Eglise, ayent jamais pû les arrêter, ni les faire revenir, *valde citò septingentas virginitatem professas in unum contraxit Arius.* Quelle affliction pour l'Eglise

Catholique ! quel triomphe pour le parti heretique! écoutons à ce propos Saint Auguſtin ſur ce verſet du Pſeaume 44. où le Prophete prévoyant en eſprit la gloire future de l'Egliſe, & de Jeſus Chriſt ſon celeſte Epoux, dit qu'on amenera des Vierges au Roy, pour luy eſtre conſacrées dans ſon Temple, *adducentur Regi virgines poſt eam, adducentur in Templum Regis*; ce n'eſt pas, dit ce Pere, qu'il n'y ait auſſi d'autres Vierges, mais elles ſont *hors le Temple*, & non *dans le Temple* du Roy: & celles-cy ſont les Religieuſes heretiques, *hæreticæ ſanctimoniales*, elles ſont à la verité Vierges, mais que leur ſervira d'eſtre Vier-ges, ſi elles ne ſont dans le Temple du Roy? *ſunt quidem virgines, ſed quid proderit eis, niſi adducantur in Templum Regis*? or ce Temple du Roy eſt ſolidement joint dans toute ſa ſtructure: nulle rupture, nulle fente, nulle ouverture n'interrompt la ſolidité de ſes murs: nul effort ne ſepare la liaîſon des pierres vivantes qui le compoſent. *Templum Regis ipſa eſt Eccleſia; templum regis in unitate eſt; templum regis non eſt ruinoſum, non diſciſſum, non diviſum; junctura lapidum viventium charitas eſt.* Ce qui fait voir la ruine que peuvent cauſer dans le Temple ſpirituel, c'eſt-à-dire dans l'Egliſe, les hereſies & les ſchiſmes, qui ſont eſſentiellement des diviſions, & des ſeparations, & quel renverſement, c'eſt, lors que les perſonnes du ſexe, ont ou la facilité d'adherer aux nouveautez, ou la vanité de les proteger, ou l'opiniâtreté de s'y attacher, ou la hardieſſe de les publier, ainſi que la femme d'aujourd'hui.

3°. La Samaritaine ſoûtient toûjours ſon caractere:

car le Sauveur luy ayant demandé à boire, *dicit ei Jesus: da mihi bibere*; afind'elever son esprit de l'eau bourbeuse de l'erreur dont elle se désalteroit, à la consideration de l'eau pure de la verité qu'il luy promettoit, & de montrer le zele qu'il avoit de luy inspirer la vraye foi, *ille autem qui bibere quærebat, fidem mulieris sitiebat*, ainsi que S. Augustin s'exprime; elle lui fit une réponse dans laquelle on commence à la voir telle qu'elle estoit.

Tra. 17. in Joan.

Premierement, sa vanité lui fit affecter de paroître sçavante & vertueuse jusqu'au scrupule, dit S. Chrysostome: *acuta mulier, in his meretrix laudem quęrit, in his meretrix observationem præ se fert legis*: comment est-ce, lui dit-elle, que vous qui êtes Juif, me demandez à boire à moi qui suis une femme Samaritaine? car les Juifs ne doivent avoir rien de commun avec les Samaritains; l'aversion causée par la diversité de religion étoit reciproque; elle se fait donc un scrupule de conscience, & de donner à boire à un Juif, & de contribuer à ce qu'un Juif blesse sa conscience, en prenant à boire de la main d'une Samaritaine: car c'est comme si elle luy eût dit: A Dieu ne plaise que nous ayons aucune communication avec un homme de religion contraire à la notre: *absit ut tecum homine alieni à gente nostra animi quicquam communicem*, ainsi que Saint Chrysostome l'observe: & elle veut bien laisser entrevoir qu'elle n'est point ignorante dans la controverse de son temps: *dicit ei mulier, quomodo tu Judæus cùm sis, bibere à me poscis, quæ sum mulier Samaritana, non enim coutuntur Judæi Samaritanis.* De plus elle ne regarde dans l'offre que lui fait le Sauveur de lui donner une eau

Tract. 2. in Joan.

vive qui étanchera pour toûjours ſa ſoif, que ſa commodité temporelle de n'être plus obligée à venir chercher ſi loin de l'eau, & qu'à contenter ſon amour propre & ſa pareſſe : *dicit ad eum mulier, Domine da mihi hanc aquam, ut non ſitiam, neque veniam huc haurire* : Car ſouffrir la ſoif, lui eſtoit une choſe fâcheuſe ; venir puiſer de l'eau, lui eſtoit une choſe laborieuſe ; le beſoin la contraignoit de ſubir cette peine, & ſa moleſſe repugnoit à la prendre : *ſitire moleſtum, hùc venire laborioſum : ad laborem indigentia cogebat, & laborem infirmitas recuſabat*, dit Saint Auguſtin. Ibid.

En effet, l'ardeur de prouver les ſentimens à la mode, altere le novateur, & le ſoin de defendre l'erreur le fatigue ; au lieu que l'humble fidele ne deſire rien, & ne cherche plus rien.

Elle ſe borne à ne ſouhaiter qu'une eau materielle qui luy ſoit commune avec les beſtes ; les héreſies ne portant qu'à une vie animale, ſenſuelle, ennemie des macerations, du jeûne & du celibat : & quelle autre eau voulez-vous nous donner, diſoit-elle, eſt que celle de ce Puits dont nos peres ont bû, & leur beſtiaux auſſi ? *numquid tu major es patre noſtro Jacob qui dedit nobis puteum, & ipſe ex eo bibit & pecora ejus ?*

Elle ignore l'eau vive de la verité toûjours claire, toûjours coulante, comme celle d'une fontaine, dit Saint Auguſtin, *aqua viva dicitur quæ de fonte exit*, & elle ne connoiſt que l'eau ſombre & dormante du puits de l'erreur *aqua in puteo, eſt in profunditate tenebroſa*, continuë le même Pere : elle ignore l'eau rejailliſſante en la vie eternelle : ainſi nommée, parce que Ibid.

descendant de ces collines éternelles, dont parle l'Ecriture, & s'écoulant par de secrets & profonds canaux dans les fideles humbles, elle ressort de leur sein avec impetuosité, & s'éleve aussi haut que son origine celeste : enfin elle ignore cette eau qui ôte pour toûjours la soif, parce qu'estant une source dans celuy qui la possede, il n'aura plus sujet d'aller se desalterer au dehors de lui-même : *sicut enim si quis fontem intus habeat numquam sitiet, ita neque qui hanc aquam habuerit*, dit Saint Chrysostome. En effet estant encore étrangere des Testamens divins, comment sçauroit-elle ces secrets mysterieux ? ce n'est que de la seule fontaine du vrai Joseph, figurée par le Puits de Jacob, & qui n'arrose que le territoire de l'Eglise, que coule cette doctrine pure, cette eau vive & transparente, symbole de la grace, toûjours agissante, selon S. Ambroise, parce qu'elle sort d'une source inépuisable ; toûjours tendante en haut, parce qu'elle est la semence de la gloire ; toûjours appaisant la soif, parce qu'elle est une participation de la Nature divine, qui seule peut remplir nos desirs.

Hom. 31. in Joan.

Le Sauveur luy ayant dit d'aller chercher son mari, elle répondit qu'elle n'en avoit pas : *dicit ei Jesus, vade, voca virum tuum* : non, luy repliqua-t-il, vous n'en avez pas, vous dites vrai ; car vous avez eu cinq maris, & celuy que vous avez à present n'est pas votre mary : *dicit ei Jesus, benedixisti, quia non habeo virum, quinque enim viros habuisti, & nunc quem habes non est tuus vir : hoc verè dixisti* : autre caractere des Héretiques, c'est de changer perpetuellement d'opinions, de varier sans cesse dans leurs dogmes, & de passer d'erreur

reur en erreur, ainsi que la Samaritaine de mary en mary : rien de fixe, rien de permanent chez eux; point de mariage indissoluble, & l'heresie dans le langage saint, est par tout nommée une fornication ; c'est la foy seule qui fait le mariage legitime & durable entre Dieu, & l'Ame, conformement à cette parole du Prophete : *sponsabo te mihi in fide... in sempiternum.* Mais pour celui qui s'est une fois livré au libertinage de son esprit, il épouse autant de differens partis que la Samaritaine de maris : jusqu'à ce qu'enfin il en vienne à n'avoir plus de religion, & à se prostituer à l'athéïsme & à l'impieté, sans se lier à aucune societé particuliere, sans succeder à aucune secte précedente ; ce qui a fait dire à Saint Augustin que ce dernier ou sixiéme homme, qui vivoit dans le desordre avec la Samaritaine, n'avoit point succedé aux cinq precedens maris, & qu'il n'étoit attaché à cette femme, que par une convoitise vague : *hic vir, quinque illis viris in ista muliere non successerat ; ubi enim non succedit ille, error dominatur*; si bien qu'en tous sens la parole du Sauveur se verifioit en elle, *& nunc quem habes non est tuus vir.* Aussi peu aprés on vid Simon le Magicien prêcher aux Samaritains l'impieté, & s'efforcer de les précipiter de l'heresie dans l'apostasie. Tant il est vray que l'un attire l'autre.

Os. 2. 19. & 20.

Hic in Joan.

Car, comme observe Tertullien, chaque héretique se prétend en droit de changer & de modifier par son esprit propre ce qu'il a reçû, comme c'est par son propre esprit que l'Auteur de la Secte l'a composé, *à regulis suis variant inter se, dum unusquisque pro suo arbitrio*

De præs. 42.

modulatur quę accepit. L'heresie retient toûjours sa propre nature en ne cessant d'innover & de changer: *agnoscit naturam suam, & originis suæ morem profectus rei*; ce qui a esté permis à Valentin est permis aux Valentiniens: *idem licuit Valentinianis quod Valentino.* Les Marcionites ont le même pouvoir que Marcion, *idem Marcionitis quod Marcion de arbitrio suo innovare*; les Autheurs d'une heresie n'ont pas plus de droit d'innover que leurs Sectateurs.

Saint Chrysostome sur ces paroles de l'Apôtre à Tite, évitez les nouveautez, *novitates devita*; dit que la raison d'un avis si important vient de ce que les novateurs ayant une fois innové, ne cessent d'innover, & vont d'innovation en innovation, & d'égarement en égarement; encore une fois comme la Samaritaine de mary en mary; semblables au Pilote imprudent & inexperimenté, qui pour avoir quitté mal à propos le port assûré, se voit sans cesse exposé à la varieté des vents, & à l'inconstance des mers: *neque enim eatenus subsistent, nam cùm quid novi fuerit inventum, semper nova id parturit, infinitusque fit error ejus qui tranquillam fidamque stationem littoris egressus, per devia cœpit vagari.*

L'Heretique, ajoûte Saint Jerôme, n'est jamais long temps dans la même situation, *hæreticus non stat in una sententia*: il va d'opinion en opinion; *sed circumfertur omni vento doctrinæ*; il improuve aujourd'huy ce qu'il avoit approuvé hier, & il loüe un jour ce qu'il avoit blâmé l'autre: *quod probaverat improbans, & quod prius laudaverat putans esse nihil*: le même Saint sur

In cap. 5. Amos.

cet endroit du Prophete Osée, qu'il ne faut pas transferer les bornes que nos peres ont posées, ou qu'autrement on sera vagabond parmy les Nations : *ne transferas terminos quos posuerunt patres tui , & idcirco vagi erunt in Nationibus ,* enseigne qu'il faut se renfermer dans les limites de l'Eglise, si on ne veut pas ressembler aux Héretiques qui vont sans cesse de doctrine en doctrine, *nunc ad has , nunc ad illas sententias transeuntes* ; qui rejettent dans la suite ce qu'ils avoient choisi d'abord, *dum non eis placet quod semel repererint ;* qui se dégoûtent d'un sentiment, dés là qu'il n'a plus l'air de nouveauté, *sed semper vetera mutant novis* : qui changent perpetuellement leurs anciennes maximes en de nouveaux dogmes, & qui semblables aux Payens, ne suivent plus aucune religion certaine, *& nunc quem habes non est tuus vir.* In c. 10.

Cet entretien de la Samaritaine nous donne lieu de faire une seconde observation. Si la Samaritaine porte le caractere de l'heresie dans son inconstance, elle ne le porte pas moins dans son incontinence : l'Apôtre Saint Pierre parlant des novateurs, dit qu'ils entraîneront leurs Sectateurs dans la luxure, *Pseudo-Prophetę & Magistri mendaces qui introducent sectas perditionis , & multi sequentur eorum luxurias.* Tertullien donne à entendre que c'est en punition d'avoir par leur fausse doctrine corrompu l'Eglise Vierge Epouse de J. C. & pour avoir ainsi violé la pureté de sa foy *quid ergo dicent qui Ecclesiam stupraverint adlterio hęretico , virginem traditam à Christo ?* Les femmes mêmes hereti-ques, ajoûte-t-il, combien sont-elles impudentes, 2. Petr. 2. 2. De præsc. c. 44.

combien ont-elles peu de modestie & de retenuë? quelle hardiesse à elles de vouloir se mêler de doctrine, & de disputer sur les points controversez?
Ibid. 42. *ipsę mulieres hęreticę, quàm procaces! quę audent docere, contendere, &c.* Il est rare, dit Saint Jerôme, qu'un
In c. 9 O. Heretique aime la chasteté, *rarò Hęreticus diligit castitatem.* Il est vray que les novateurs font semblant d'aimer la pudicite, *amare pudicitiam se simulant*, mais l'Apostre nous assûre qu'ils font en secret des choses honteuses, *cæterùm juxta Apostolum quæ secretè agunt, turpe est dicere*: en un mot il est difficile de trouver un hé-
Ibid. retique qui soit chaste; *difficile est hæreticum reperire qui diligat castitatem* Telle estoit la Samaritaine leur figure, & tels sont ceux qui sont figurez par la Samaritaine, dit
Ibid. Saint Chrysostome. *Tale Samaritanorum genus, in scortationibus polluuntur.*

Enfin c'est une maxime établie chez les Peres de la vie spirituelle, & confirmée par une triste & longue experience, que la luxure est une suite & un châtiment de l'orgüeil: que l'heretique ne voulant pas soûmettre son esprit à l'Eglise, trouve sa chair rebelle à son esprit, & que par une juste retribution la desobeissance est punie par la desobeissance, & la révolte par
L. 2. de fide c. 29. la revolte: *permittitur quis quandoque in turpem decidere actionem, ad emendationem deterioris affectus*, dit Saint Jean Damascene, *ut elatus, ... per ruinam, in cognitionem propriæ infirmitatis veniens, confiteatur Domino humiliatus.*

40. La Samaritaine honteuse de la depravation de ses mœurs, change adroitement de matiere, & se tourne du côté du dogme, ainsi que remarque Saint

Chryſoſtome : *rurſus attingens dogmata, & de dogmatibus ſermonem inferens.* Nos Peres, diſoit-elle au Sauveur, ont adoré ſur cette montagne, & vous dites, vous autres Juifs, que Jeruſalem eſt le lieu où il faut adorer : *& vos dicitis quia Hieroſolymis eſt locus ubi adorare oportet.* Elle pretend autoriſer le ſchiſme des Samaritains par l'antiquité, & par la ſainteté. Nos Peres, dit-elle, depuis des temps infinis ont rendu à Dieu ſur cette montagne le culte religieux qui lui eſt dû ; c'eſt-là qu'ils luy ont offerts leurs prieres, leurs vœux & leurs ſacrifices, *Patres noſtri in monte hoc adoraverunt* : cependant l'érection de ce Temple profane étoit recente ; il eſt vray qu'elle vouloit ſe prévaloir de ce que les premiers Patriarches avoient honoré Dieu ſur cette montagne, mais elle ne conſideroit pas que les Samaritains s'eſtoient ſeparez du peuple de Dieu, & de la foy de leurs Peres, par le ſchiſme de Jeroboam.

Tel eſt le genie des héretiques qui ſçachant bien qu'on ne les croira pas à leur parole, proteſtent toûjours, dit Saint Gregoire, que leur doctrine eſt la doctrine ancienne de l'Egliſe, & des plus ſçavans Peres, dont ils font profeſſion de n'eſtre que les diſciples fideles : *hæretici ut ea quæ aſſerunt commendare quaſi de antiquitate poſſint, antiquos patres ſe habere teſtantur : atque ipſos doctores Eccleſiæ, ſuæ profeſſionis magiſtros dicunt.* Ils loüent ſans ceſſe la primitive Egliſe, & les Miniſtres qui l'ont gouvernée, dont ils proteſtent ne ſuivre que les veſtiges, & neanmoins ils n'en veulent pas croire l'Egliſe preſente, ny ceux qui la gouvernent

L. 12. in c. Job n. 33. p. 405.

de leur tems, pour lesquels ils montrent n'avoir que du mépris; *cumque præsentes despiciunt, de antiquorum Patrum magisterio falsa præsumptione gloriantur*, & ils avancent hardiment qu'ils ne disent rien que ce que les anciens Docteurs ont dit avant eux: *ea quæ ipsi dicunt, etiam antiquos Patres tenuisse.* Ils sont, disent ils, les Apologistes des anciens Peres, ne voyant pas qu'ils en sont plûtôt les corrupteurs & les faux interpretes: *sæpe quidem nobiscum patres quos veneramur laudant, sed intellectu depravato.*

Ibid.

L. 8. c. 8. Job n. 64. p. 273.

Ibid.

Les Arriens, disoit Saint Athanase, en sont venus à ce point d'audace, que de calomnier les anciens Peres, & de dire qu'ils estoient de leur sentiment, *Arriani eo audaciæ processerunt, ut etiam Patres calumnientur*; ils soûtiennent faussement que leur doctrine est la doctrine même de Saint Denys Evêque d'Alexandrie, dont ils font un éloge magnifique comme de leur Patron, & cela pour autoriser leurs erreurs, *& beatæ memoriæ virum Dionysium Episcopum Alexandrinum, ut doctrina secum consentientem, criminantur, quem ipsi ad commendationem suæ hereseos laudibus ornare videntur.* En cela semblables aux voleurs qui se voyant décriez à cause de leurs brigandages, tâchent de persuader au monde, qu'ils sont en societé avec les gens de bien: *non secus ac prædones qui cum ob sua facinora malè audiunt, frugi homines socios sibi simulant.* Semblables encore aux Juifs qui se voyant confondus, recouroient à l'autorité de leur Patriarche Abraham, dont ils se vantoient d'estre les enfans, pour se mettre à couvert des reproches qu'on leur faisoit, *imitatores Judæorum qui confutati ad Patriarcham confugerunt, dicentes, nos Patrem habe-*

De senten. Dion. init. p. 243.

ibid.

mus Abraham: il ne leur manque plus rien que de s'élever avec cette même impudence, & de dire que les Apoſtres ont enſeigné la même Doctrine qu'eux ; *reſtat ut jam audacius inſurgant , dicantque ipſos Apoſtolos cum ipſis ſenſiſſe.* C'eſt ainſi que parloit la Samaritaine : nos Peres, diſoit-elle, ont adoré Dieu ſur cette montagne, *Patres noſtri in monte hoc adoraverunt*, ne pretendant rien moins par là, que de s'attribuer la gloire, d'avoir herité de la foy des Patriarches, auſſi-bien que de leur ſang, dit Saint Chryſoſtome, *animadverte quo pacto in Judaïcam ſe inſcrit nobilitatem.* Hic.

Mais quoyque les femmes ne ſoient pas capables du fonds des dogmes, elles ne laiſſent pas de porter un extrême préjudice à l'Egliſe par les loüanges exceſſives qu'elles donnent continuellement aux Chefs de leur ſecte : ce ſont, diſent-elles, des hommes rares; des Docteurs eminens en ſcience & en vertu ; ils ont un don particulier pour la conduite des ames ; une morale ſevere & ſûre; un talent merveilleux pour parler de Dieu; leurs Livres ſont des ouvrages pleins de lumiere & d'onction, on y trouve tout ce qu'il y a de plus beau, de plus inſtructif, & de plus touchant dans l'Ecriture & dans les Peres ; les Docteurs Catholiques qui les refutent, ne ſont que des hommes ignorans, paſſionnez, envieux, qui ne peuvent ſouffrir de plus habiles gens qu'eux, & qui faute de bonnes raiſons oppriment leurs adverſaires par authorité. Elles excuſent leur revolte contre l'Egliſe, leur opiniâtreté inflexible qu'elles nomment conſtance & fermeté ; elles employent leur credit, leur argent, leur authorité, leurs amis, pour les proteger & les défendre : en un mot elles n'épargnent rien pour eux & pour le parti; elles font retentir partout leur merite prétendu : & par un malheur déplorable on n'en voit que trop qui se retirant de la corruption de la chair, donnent dans la corruption de l'esprit, tombant ainsi d'un abisme dans un autre, & de la voye large du siecle, dans les sentiers detournez de l'erreur.

C'est ainsi que de tout temps, on a vû les personnes peu affermies s'édifier aux dépens de leur propre salut, de la vertu apparente des heretiques : *solent quidem infirmiores etiam de quibusdam personis ab hæresi captis, ædificari in ruinam*, dit Tertullien, & se persuader que le parti des heretiques, est le meilleur, puisque des Docteurs si habiles, si sages, si experimentez, si consommez dans l'esprit de la religion, l'ont suivi : *quare ille vel ille fidelissimi, prudentissimi, & usitatissimi in Ecclesia, in illam partem transierunt?* Qu'elle illusion? est-ce par les personnes que nous devons juger de la foy, & non des personnes par la foy? *ex personis probamus fidem, an ex fide personas?* pourquoy donc chanceler dans la foy, parce que cet Evêque si renommé, cet Ecclesiastique si sçavant, cette veuve si vertueuse, cette Vierge si prudente, ce Docteur si éclairé, l'oseroit-on dire, ce martyr mesme si patient, & semblables personnages fameux, ont embrassé l'erreur? est-ce que tous ces grands noms feront prévaloir le mensonge contre la verité? *quid ergo si Episcopus, si Diaconus, si Vidua, si Virgo, si Doctor, si etiam Martyr lapsus à regula fuerit, ideo hæreses veritatem videbuntur obtinere?* ne croyez pas, mes tres-chers Freres,

De præs. c. 3.
ibid.
ibid.
ibid.

disoit S. Augustin aux fideles de son temps, ne croyez pas que les heresies ne soient les productions que de quelques petits esprits; *non putetis, Fratres, quia potuerunt fieri hæreses per aliquas parvas animas*: Les sectes & les partis ne s'établissent que par des genies extraordinaires, *non fecerunt hæreses nisi magni homines*, que par des gens qui imposent par leur vertu apparente, & par leurs qualitez estimables. Saint Epiphane écrit qu'Arius couvroit sa détestable impieté d'un exterieur modeste, & d'un habit Religieux, *dimidium pallium indutus & stolam*; il estoit serieux & grave; *erat sub tristi specie*: doux dans la conversation, *dulcis in colloquio*; insinuant & flateur, *persuadens ac blandiens*; que semblable au serpent, il avoit des manieres pliantes, & accommodantes, capables de faire glisser & son estime & son venin dans le cœur des personnes simples, *figuratus velut dolosus serpens, qui decipere posset omne innocens cor, per versutum suum prætextum*: avec cela luy & ses sectateurs ne croyoient point degenerer de cette gravité, composant des vers & des chansons de plaisanterie pour soûtenir leurs sectateurs, & tourner en ridicule les Catholiques, *Arius in suis cantilenis effutivit*, dit Saint Athanase: on ne finiroit point là dessus. Cependant, que d'esprits legers se laissent éblouïr à ces belles apparences? rien à leur sens n'est comparable à leurs Peres Spirituels, qui les ont formez dans la pieté: nos Peres ont adoré sur cette montagne, disoit la Samaritaine, remplie de cette magnifique idée, toute fausse qu'elle fût, *Patres nostri in monte hoc adoraverunt*. Que de méconte dans ce qu'elle

In. Ps. 124.

hær. 69.

Ep. de decret. Nic. Sy.

avançoit ! Samarie estoit un égoût de toute sorte de superstitions, de schismes, d'heresies, d'idolâtrie, ainsi qu'observe Saint Augustin, *solet Samaria idololatriæ imaginem sustinere, ipsi enim Samaritani separati à Populo Judæorum, simulacris mutorum animalium, id est vaccis aureis animarum suarum decus addixerant* : les Samaritains continuë ce Pere, adoroient & les démons & le vray Dieu tout ensemble ; *Samaritani, & Deum & Dæmones adorabant, & qui misceri non poterant, confundebant.*

hic. in Joa.

S. Chry. hic.

Aprés cela avoit-elle raison de blâmer les Juifs qui soûtenoient que c'estoit Jerusalem où l'on rendoit à Dieu un culte fidele, *& vos dicitis quia Jerosolymis est locus ubi adorare oportet*, & ne devoit-elle pas enfin se détromper, & reconnoistre que sa secte n'avoit ni l'antiquité, ni la sainteté qu'elle luy avoit attribuée, & par consequent qu'il faloit y renoncer.

QUATRIE'ME CONSIDERATION.

La Samaritaine ne pouvoit estre conduite à la verité par une voye plus douce & plus efficace que celle-cy. Touchée de voir qu'un homme qui paroissoit estre plus qu'un autre, ne dédaignoit pas de parler à une pauvre femme comme elle, réduite à venir puiser de l'eau si loin ; *venit mulier de Samaria haurire aquam* ; édifiée de ce qu'un Juif, loin de l'éviter avec horreur, luy demandoit à boire avec bonté ; *quomodo tu Judæus cum sis bibere à me poscis quæ sum mulier Samaritana ?* ébloüye des hauts mysteres que ce nouveau Docteur luy prêchoit ; de cette eau rejaillissante en la vie éternelle ; de cette adoration en eſprit & en verité, *venit hora & nunc eſt :* étonnée de ce qu'il avoit penetré les ſecrets de ſa conſcience ; *quinque viros habuiſti*, & conſolée de ce qu'il ne luy avoit point reproché ſes deſordres avec aigreur, *& nunc quem habes non eſt tuus vir :* elle commence à ſentir en elle des mouvemens de grace qui élevent peu à peu ſon eſprit, & qui la diſpoſent à la foy : elle a d'abord regardé Jeſus Chriſt comme un ſimple Juif ; *quomodo tu, Judæus cum ſis :* un moment aprés elle ſoupçonne qu'il pourroit eſtre plus grand qu'Abraham ; *numquid tu major es patre noſtro Abraham ?* éprouvant enſuite ſon domaine ſur la conſcience, & le don qu'il avoit de penetrer les plus ſecrets replis du cœur ; elle l'apelle ſon Seigneur, & elle le reſpecte comme un Prophete, *Domine video quia Propheta es tu.* Ces préventions heureuſes luy font croire qu'il peut luy donner cette eau vive & rejailliſſante en la vie éternelle dont il luy a parlé, elle la lui demande avec autant d'inſtance qu'un Catécumene fervent demanderoit le Baptême ; convaincuë par la parole de Jeſus-Chriſt, qu'ayant une telle ſource en elle même, la ſoif ne la tourmentera plus : *Domine da mihi hanc aquam, ut non ſitiam :* elle va plus loin, elle ſçait que le Meſſie ou le Chriſt va bien-toſt paroiſtre, elle l'attend pour apprendre de luy toutes choſes, & elle ſe ſent diſpoſée à le croire, & à ſuivre ſa Doctrine & ſes préceptes quand elle l'aura entendu ; *ſcio quia Meſſias venit qui dicitur Chriſtus, cum ergo venerit ille, nobis annuntiabit omnia.*

Elle eſt charmée de voir que ce Prophete inconnu dont elle admire la ſcience ſublime, improuve tellement le Schiſme de Samarie, qu'il s'abſtient de tout terme injurieux; & qu'il approuve tellement la Loy Judaïque, en diſant que le Salut doit ſortir d'elle, *vos adoratis quod neſcitis, nos adoramus quod ſcimus, quia ſalus ex Judæis eſt*; qu'il luy predit que l'un & l'autre culte ceſſera bien-toſt chacun en ſa maniere, par l'établiſſement d'une nouvelle Religion plus pure & plus parfaite que toutes les deux, & dans laquelle on adorera Dieu en eſprit & en verité *mulier, crede mihi, quia venit hora, & nunc eſt, quando neque in monte hoc, neque in Jeroſolymis adorabitis Patrem: ſed venit hora & nunc eſt quando veri Adoratores adorabunt Patrem in ſpiritu & veritate*: Paroles merveilleuſes, que le Sauveur ne dédaigne pas d'adreſſer à cette femme, l'éclairant ſans doute interieurement pour les luy faire comprendre au meſme temps qu'il les proferoit exterieurement, & dont il ſemble que voicy le ſens, ſelon les Saints Docteurs: *adorer Dieu en eſprit*, c'eſt l'honnorer par un culte élevé au deſſus des ſens, & conforme a ſa nature immaterielle; ce que ne faiſoit pas le Juif groſſier, attaché à l'alliance charnelle, aux biens temporels, aux lieux, & aux ceremonies legales & exterieures, qu'il regardoit comme le terme des promeſſes de Dieu, & non comme des figures myſterieuſes d'une Religion à venir, plus épurée, plus étenduë, plus ſpirituelle, & plus parfaite, laquelle donneroit ce que la Juive repreſentoit, & promettoit: *adorer Dieu en verité*, c'eſt l'honnorer par un culte conforme à ce que la foy nous apprend de ce premier Eſtre, & qu'il a voulu nous en reveler, & nous ordonner ; ce que ne faiſoit pas le Gentil idolâtre, ny le Samaritain heretique, qui ne ſçavoient ce qu'ils adoroient : Jeſus-Chriſt aboliſſant ainſi le culte idolâtre à cauſe de ſon impieté ; le culte Samaritain à cauſe de ſes erreurs ; le culte Juif à cauſe de ſon vuide, & établiſſant une Religion, qui dans les dons preſens, montre les biens futurs, & rend à Dieu un culte preſcrit par luy-même ; digne de ce qu'il eſt ; convenable à ce que nous ſommes, à ce que nous en ſçavons, à ce que nous lui devons, à ce que nous attendons. *Non circumſcribitur loco adorationis Dei*, dit Saint Chryſoſtome, *ſed undequaque diffuſa eſt gratiæ divinæ cognitio, non jam amplius Judæi & Samaritani ad ſe inſignia rapiunt.* *Tract. 2. in Samar.*

Car ce qui dans les temps paſſez étoit figure, comme la circonciſion, les holocauſtes, les oblations, les encenſemens, ne ſignifie rien aprés que la verité a paru, continuë ce Saint, *nam quæ ſuperiori tempore figura erant circumciſio, holocauſta, ſacrificia, incenſum, jam non ſunt* : la Religion eſt devenuë plus ſpirituelle, & ce que David avoit commencé, s'eſt enfin heureuſement accompli ; les ſacrifices de l'eſprit & du cœur ont pris la place des ſacrifices de bœufs & d'agneaux, dit Saint Jeroſme, *ut paulatim à ſacrificiis victimarum ad laudes Domini tranſiret Religio*, & Dieu ne reçoit plus de victimes privées de raiſon, & de volonté, *non amplius victimam ratione & voluntate carentem.* Un langage nouveau a ſuivi le culte nouveau, ce que le Sauveur avoit dit de l'eau vive qui deſalteroit, il le dit de l'aliment dont il ſe nourriſſoit : les Apoſtres revenus chargez de viandes materielles, *In. cap. 1. Iſa. p. 17.*

disoient au Sauveur : Divin Maistre, Docteur Celeste, mangez à present, *Rabbi, manduca* : mais il leur répondoit, j'ay un aliment dont je me nourris, que vous ne sçavez pas : *cibum habeo manducare quem vos nescitis.* Les Disciples alors aussi peu éclairez que la Samaritaine, s'entre-disoient : est-ce que quelqu'un luy a apporté à manger ? *numquid aliquis attulit ei manducare* ? & Jesus leur repliquoit : mon aliment est de faire la volonté de celui qui m'a envoyé, & d'accomplir son ouvrage, *meus cibus est ut faciam voluntatem ejus, qui misit me, ut perficiam opus ejus* ; ne dites-vous pas vous même que dans quatre mois la moisson viendra ? *non ne vos dicitis quod adhuc quatuor menses sunt & messis venit* ? mais voicy ce que je vous dis : levez vos yeux, & voyez les campagnes qui sont déja blanches, & prêtes à moissonner : *levate oculos vestros & videte regiones quia albæ sunt jam ad messem.* Aprenez que celuy qui moissonne reçoit la recompense, & amasse des richesses pour la vie éternelle ; *& qui metit mercedem accipit, & congregat fructum in vitam æternam*, afin que celuy qui seme se réjoüisse aussi-bien que celui qui moissonne : *ut & qui seminat simul gaudeat, & qui metit.* Tout ce langage du Sauveur étoit aussi-peu intelligible aux Apostres, que celuy de l'eau rejaillissante en la vie éternelle, l'estoit à la Samaritaine, dit saint Chrysostôme, *quod enim de aqua dixit : quod qui biberit ex hac aqua non sitiet, hoc & nunc dicit, quod congregat fructum in vitam æternam.* Les Disciples en demandant si quelqu'un luy avoit apporté à manger, ne sçavoient pas qu'il s'estoit repu de la foy de cette femme, & que le salut de l'homme luy estoit un fes-

hic. in Joa.

tin : *Cibus enim Christi est salus nostra*, dit Saint Augustin, *reficitur cœlestibus epulis profectibus nostris*, ou comme il ajoûte sur cet endroit même, *hominum salutem hoc in loco cibum appellat*: pourquoy donc s'étonner, continuë ce même Pere, si la Samaritaine ne comprenoit pas ce que c'estoit que cette eau rejaillissante dont le Sauveur luy parloit, puisque les Apostres mêmes ne comprenoient pas ce que c'étoit que ce pain spirituel, dont il se nourrissoit ? *quod mirum ? si mulier illa non intelligebat aquam, ecce Discipuli non intelligunt escam* ? encore moins peut-estre entendoient-ils quel estoit & ce semeur & ce moissonneur qui se réjoüissent ensemble, *quis sator, quis messor ?* dit Saint Chrysostome : ne sçachant pas que par ces semeurs les Prophetes, & par ces moissonneurs les Apostres estoient signifiez : *Prophetæ satores, Apostoli messores*, ni que la joye qui leur est commune, & d'avoir semé, & d'avoir recüeilly, venoit de ce qu'ils ont travaillé également, quoyque differemment au même champ du Seigneur : *sed vobiscum gaudent, quamvis vobiscum unà non messuerunt.* Ce qui fait voir premierement que l'esprit de l'ancienne loy, & des Prophetes n'a esté autre que de conduire, d'attirer & de disposer le genre humain à la reception de Jesus-Christ, & à la prédication de l'Evangile : en second lieu qu'ils ont senti la joye à semer, quand ils ont vû la joye des Apostres à recüeillir : troisiémement que c'estoit J. C. qui les avoit tous envoyez Prophetes & Apostres pour travailler à la même œuvre : enfin qu'elle estoit l'analogie ou le raport de l'Ancien Testament avec le Nouveau. C'est ce que nous ap-

Ser. 253. de Temp. post. med.

In. Joha. hic.

prend Saint Chrysostome : *hinc Prophetarum voluntatem fuisse demonstrat, ut humanum genus ad Christum allicerent, & hoc per legem communicatam, propterea & hunc parerent fructum, & se eos misisse, & magnam inter vetus & novum Testamentum esse cognationem.* Au reste, par ces campagnes déja prêtes pour la moisson, le Seigneur vouloit representer les Peuples nombreux qui n'attendoient que la faux du Predicateur Evangelique, pour se convertir à la foy, *regionis autem & messis nomine, animarum multitudinem quæ in ipsius prædicatione erant crediture significat*, & luy estre un pain que les Apôtres ne sçavoient pas encore, non plus que le grand festin qui se préparoit pour luy en Samarie, *jam enim venientium Samaritanorum turbam videbat, quorum fervorem, & promptissimam voluntatem, albas regiones appellat.*

CINQUIE'ME CONSIDERATION.

La Samaritaine transportée par les mouvemens d'une foy naissante & fervente, ne peut plus se contenir : elle étoit venuë chercher une eau materielle, dit Saint Chrysostome, une eau morte, une eau pesante qui ne desalteroit que son corps ; elle trouve une eau spirituelle, une eau vive, une eau rejaillissante, qui desaltere son ame, *quæ sitiebat aquas desiderabat, cælestium fluentorum gratiam consecuta est* : elle laisse donc sur le lieu sa cruche, ou plûtost ses esperances terrestres & fragiles, & toute hors d'elle, tant ce celeste entretien l'avoit ravie, elle court à Samarie faire part

part aux autres du tréſor qu'elle a trouvé : *reliquit ergo hydriam ſuam mulier & abiit in civitatem* : elle n'eſt plus une Diſciple ignorante, elle s'érige en Apôtre ; elle prêche, elle publie l'Evangile, elle annonce Jeſus-Chriſt : Venez, dit-elle à ſes citoyens, venez voir un homme qui m'a dit tout ce que j'ai fait depuis que je ſuis au monde, *venite & videte hominem qui dixit mihi quæcumque feci.* Ne ſeroit-ce point le Chriſt, le Meſſie ſi promis & ſi attendu ? *numquid ipſe eſt Chriſtus ?* elle ne veut pas qu'on l'en croïe, on s'imagineroit peut être qu'elle ſeroit prévenuë, elle veut qu'on vienne, & qu'on voye, & que ſes auditeurs en ſoient juges, *venite & videte* ; elle les entraîne après elle au Puits de Jacob pour y voir le veritable Joſeph, le Sauveur, non de l'Egypte ſeulement, mais de l'Univers entier. Les Samaritains ſur ſon témoignage ſortent donc de leur Ville, ils abordent Jeſus-Chriſt, ils le voyent, ils l'écoutent, ils croyent, ils le preſſent de venir en leur Ville, ils le reçoivent chez eux, ils le prient d'y ſejourner quelque temps, il y demeure deux jours, ils quittent leurs erreurs, ils ſe convertiſſent à la foi, *ex civitate autem illa multi crediderunt in eum Samaritanorum, propter verbum mulieris, & rogaverunt eum ut ibi maneret, & manſit ibi duos dies.* Le zele s'allume parmi eux ; ce n'eſt plus, diſent-ils à la Samaritaine, ſur votre témoignage que nous croyons à préſent, car nous avons entendu nous-mêmes ce divin Prédicateur, & nous ſçavons qu'il eſt veritablement le Sauveur du monde : *& multo plures crediderunt in eum propter ſermonem ejus, & mulieri dicebant, quia non jam propter tuam*

loquelam credimus : *ipsi enim audivimus & scimus quia hic est verè Salvator mundi.* Tel fut le fruit de la prédication de la Samaritaine, & du témoignage qu'elle rendit à Jesus Christ. O femme jusqu'alors immonde de corps & d'esprit, s'écrie Saint Chrysostome, mais à présent purifiée par la réception de la foy, ornée par la profession de la foy, perfectionnée par la prédication de la foy ! *ô mulier sacrarum litterarum pronuntiatione & lectione purgata, de spiritualibus philosophans* : je sçay, dit elle, que le Messie vient, *scio quia Meßias venit* ; je sçai que le *Christ* vient, *qui dicitur Christus* ; que l'*Oint* du Seigneur dont la chair sera ointe de la Divinité même qui luy est unie, va paroître : *expecto, inquit, unctum cujus caro Divinitate ungetur.* Peut-on voir une abjuration de l'erreur plus solemnelle, une profession de foi plus authentique ? car si, selon S. Ambroise, Jesus-Christ touchant de sa main un Lépreux qui lui demandoit la santé, *Domine, si vis, potes me mundare*, & luy
Luc 3. 5. disant, oüy, je le veux, soyez guéri, *& extendens manum tetigit eum, dicens : volo, mundare* ; condamna par ce peu de paroles trois pernicieuses erreurs qui devoient un jour s'élever dans l'Eglise : *volo ergo, dicit*
l. 5. in Luc. *propter Photinum, imperat propter Arrium, tangit propter Manichæum* : ne peut-on pas avancer, selon Saint Chrysostome, que les paroles de cette femme anathematizent par avance les blasphêmes d'Arrius, de Nestorius, & d'Eutyches, puisqu'on y trouve, selon cet excellent Interpréte, la Divinité du Fils, la distinction des Natures, & l'unité de la Personne ? une chair ointe de la Divinité dans un Rédempteur uni-

que. Car voicy le ſens que ce Saint découvre dans le diſcours plein de foy, d'eſperance & de religion que profere cette femme : *expecto, inquit, unctum, cujus caro Divinitate ungetur : Meſsiam dicit eum, qui mittebatur; Chriſtum qui expectabatur, qui ad mundi totius ſalutem procurandam veniebat.* Elle attend, dit-elle, ce Rédempteur, ce Meſſie, ce Chriſt, qui doit tellement incliner les Cieux & deſcendre à nous, pour chercher la brebis égarée, le Genre humain perdu, qu'il ne quittera point le ſein du Pere : *quapropter ovem quæ perierat, minimè deſerto ſinu Patris, ad nos inclinatis cœlis deſcendit* : qui doit tellement devenir un homme parfait, qu'il ne doit pas ceſſer d'eſtre ce qu'il étoit : *& perfectus homo factus eſt, ſimulque quod erat permanſit.* O femme, juſqu'alors toute chair, & maintenant tout eſprit, continuë le même Pere : *ô mulierem meretricem, & omnia ſcientem!* ô femme juſqu'alors toute terreſtre, & maintenant toute celeſte ! *vide quo pacto à terrenis ad cœlos evolarit?* par quels admirables reſſorts vous eſtes-vous élevée ſi promptement de la terre au Ciel ? elle n'appelle plus Jeſus-Chriſt un Juif ; elle ne diſpute plus avec luy comment il luy donnera de l'eau vive ; elle ne ſe ſcandaliſe plus de ce qu'un Juif demande à boire à une Samaritaine ; tranſportée au deſſus d'elle-même, elle l'appelle ſon Prophete & ſon Seigneur : *non amplius Judæum ipſum vocat, non amplius de aquæ largitione diſceptat, non amplius illi dicit, quomodo bibere à me poſcis? & rurſus Prophetam, rurſuſque Dominum vocat?* elle dit que c'eſt luy qu'elle deſire, qu'elle demande, qu'elle attend ; *illum quæro, illum* *præſtolor, illum expecto.* Mais conſolez-vous, ô femme à preſent pure, à preſent fidelle, je ſuis celuy même que vous cherchez : *dicit ei Jeſus, ego ſum qui loquor tecum.* O merveille incroyable ! ô miracle étonnant ! Jeſus-Chriſt revele à cette femme ce qu'il n'avoit pas découvert à pluſieurs de ſes Apôtres ! *O magna & incredibilia miracula, quod multis ex Apoſtolis non revelavit, hoc meretrici palam revelat !* Il s'apparoît aux deux Diſciples d'Emaüs, il parle à eux, il marche avec eux, mais ſans ſe faire connoître à eux, & ſi tôt qu'ils l'apperçoivent de leurs yeux, il ſe dérobe à eux, *tunc ex ipſorum conſpectu ablatus eſt* : & cependant il dit à la Samaritaine, c'eſt moy qui ſuis le Chriſt, & loin de diſparoître, il demeure, *ſeipſum illis non manifeſtavit, & mulieri dixit, ego ſum qui loquor tecum.* Ce qui dans la ſuite, continuë Saint Chryſoſtome, devoit être accordé au Docteur des Nations, à ce grand Apôtre qui monta juſqu'au troiſiéme Ciel, qui fut ravi dans le Paradis où il entendit des ſecrets qu'il n'eſt pas permis à un mortel de reveler ſur la terre ; qui renferma l'Univers entier dans le filet de ſa prédication ; fut par avance accordé à cette femme, & le même Seigneur qui s'apparut à Saint Paul, & qui lui dit : c'eſt moy qui ſuis ce Jeſus que vous perſecutez, eſt le même qui dit aujourd'huy à la Samaritaine, c'eſt moy qui ſuis ce Chriſt que vous attendez : *quod ſoli Paulo fecit qui ad tertium uſque cœlum aſcendit, qui raptus eſt in Paradiſum, & audivit arcana verba, qui terrarum orbem ſagenâ cepit ; hoc multo antè Samaritanæ fecit, &c.* Pourquoi cherchez-vous ce que vous avez trouvé, dit Saint Auguſtin? *quid quæris quod vides?* ô Cieux! étonnez-vous; celui que les Anges adorent s'entretient avec une vile créature! *qui ab Angelis adoratur, cum meretrice colloquebatur!* celui qui eſt la parole ſubſtantielle du Pere, & ſon éternel entretien; celui qui regne avec ſon Pere dans le Ciel, s'abbaiſſe juſqu'à entrer en converſation avec une femmelette ſur la terre! *qui cum Patre regnat in æterno regno ſolus cum ſola ſermonem conferebat* Pourquoi donc admirer ſi la Samaritaine remplie de l'eau vive de la verité qu'elle vient de boire à longs traits, quitte la cruche de ſes vieilles erreurs, *reliquit hydriam, poſtquam aquis vivis expleta fuit*: & ſi comme enyvrée elle court à Samarie, criant à tous ceux qu'elle trouve: venez & voyez un homme qui m'a dit tout ce que j'ai fait; ne ſeroit-il point le Chriſt? *reliquit hydriam, poſtquam aquis vivis expleta fuit, &c.* Elle ne leur dit pas: venez & voyez Dieu reveſtu d'une chair mortelle, *venite, cernite Deum inter homines*, de peur qu'on ne la prît pour une inſenſée, *ne hominibus videretur delirare, ne dicerent, hæc inſanit*: elle croit devoir d'abord exciter leur curioſité, leur tendre le meſme piege qu'on luy avoit tendu, les prendre dans les meſmes filets dans leſquels elle a eſté priſe; *excitat eos ut ad cupiditatem egrederentur, ut retibus capta eſt, ita retia tendit.* Animée d'un zele plus qu'Apoſtolique, elle n'attend pas à preſcher l'Evangile, que les Myſteres de la Vie, de la Mort, & de la Réſurrection de Jeſus-Chriſt ſoient accomplis, ainſi que firent les Diſciples; elle prévient ce temps, & elle s'empreſſe d'annoncer cette heureuſe nouvelle au

Serm. 2. de Samarit. c. 2.

Genre humain, avant que les Predicateurs commencent d'exercer leur ministere Apostolique, *Apostolorum potentior evasit, siquidem Apostoli, postquam omnis Domini dispensatio completa fuit, tum demum Apostolicam prædicationem aggressi sunt, mulier verò antè Passionem, & Dispensationem, & Resurrectionem Christum evangelizat.* Elle n'a vû faire aucun miracle au Sauveur; elle n'a point esté présente, lorsqu'il a ressuscité le Lazare; ny quand il a fait respecter sa voix aux tombeaux; ny quand il a donné un frein à la mer agitée, ou quand d'une seule parole il a calmé ses flots émûs; elle n'a point vû celuy qui crea le premier homme, former des yeux à un aveugle-né, luy donner l'usage de la vûë avec de la boüe, & achever de perfectionner en luy son ouvrage, *non vidit Lazarum quatriduanum monumento evocatum, non vidit mortem conclusam, non vidit mare verbo frænatum, non vidit eum qui Adam formaverat, creationis defectum in cæco luto adimplentem*; & cependant elle croit, & elle est fidelle, si-tost que Jesus-Christ luy a dit: *mulier, crede mihi*: elle croit de cœur, elle confesse de bouche, elle presche par dessus les toicts, & cela avec un zéle si ardent & si pur, que pour autoriser Jesus-Christ, elle veut bien se décrier elle-mesme: & pour cela, ne rougir point de déclarer publiquement ses pechez les plus honteux, & de publier qu'il luy a déclaré ses desordres les plus secrets; en un mot elle consent qu'on la connoisse pour ce qu'elle a esté, pourvû qu'à ce prix elle le fasse connoistre pour ce qu'il est; trop heureuse, si même au dépens de ſa propre réputation, & de ſa gloire, elle peut faire adorer Jeſus-Chriſt, *cunctam ea peccata divulgo, ut vos manu ducam, ut vos Deum qui ad homines venit cernatis, mala mea publico, ut Chriſtus adoretur.* Telles ſont les excellentes penſées de Saint Chryſoſtome ſur cet Evangile.

Aouſt 1709.

www.ingramcontent.com/pod-product-compliance
Lightning Source LLC
LaVergne TN
LVHW010000230826
846092LV00002B/581
9782329548272